결혼이 사랑에게 말을 하다

여 성 훈 지음

도서출판 이마고데이

결혼이
사랑에게
말을 하다

먼저

드리는

말씀

1 _

"교수님, 저 이제 결혼 할 자신이 생겼어요!"

"엉! 너, 남자 친구 없잖으?"

"아! 네, 없네요!"

"그러면, 그 자신감 어디다 쓸래?"

"풉!"

2 _

우리 결혼들?

기가 죽어도 너무 죽었다.

너도 나도 자꾸 죽을 쑤다 보니 어쩔 수 없이 그렇게 된 것 같다.

여기저기서 계속 혼이 나니까 버티기가 힘들어서
그렇게 된 것 같기도 하고.
"정말, 이건 아니다!" 싶었다.
가만 놔 둘 일이 아니라는 생각!
벼르고 벼르다가 대학원에서 강의를 개설했다.
'사랑의 로고스'
결혼 이야기를 가득 담은 세미나 수업이었다.

"교수님, 저 이제 결혼 할 자신이 생겼어요!"?
한 학기 수업을 끝내고 헤어지면서 '셈'이 한 말이었다.
'셈'이 좀 신난 것 같았다.
'신'?
아니, '자신', '자신감'이 더 맞는 것 같다.

3 _

"자신감"!
연구실로 돌아오는데 이 말이 '번뜩!' 했다.
영감 같은 것이었다.
뭘 열심히 만든 것 아니었다.
그냥 훅!하고 온 것이었다.

그리고는 머리를 떠나지 않았다.

"자신감"?

"자신감"!

"이거, 맞다!"

"자신감?"

"자신감, 이거 맞다!"

4 _

"결혼하면 살 집은 어떡해요?"

"아이들 낳으면 무슨 돈으로 키워요?"

"경력 단절은요?"

이런 말들?

'자신'이 없으니까 하는 소리였다.

사실 그런 말은 한참 '그 다음' 이야기라는 거다.

진짜는 자신이 없으니까 하는 이야기.

불안하고 겁이 나니까 하는 소리.

그러니까 이런 저런 이유들을 막 만들어냈다는 거다.

이유?

아니, 핑계라 해야 더 맞을지 모르겠다.

'정답'?

'자신감'!

결혼에 관한 한 '자신감'?

분명히 그것이 '정답'이라는 확신이었다.

한 학기 수업을 끝내면서 신이 난 것은 '셈'만이 아니었다.

나도 신이 났다.

나도 자신이 생겼다.

그래서 대 놓고 이야기했다.

"진짜 걱정마라. 너희들 '결혼 행복'은 이제, 내가 책임진다!"

"축하해 주사여, 겨수님!"

"무슨 일?"

"저, 결혼하게 됐어여!"

"그래! 근데, 네 남친, 내 수업 들었니?"

"아니요!"

"엉? 내 수업 듣지 않은 애랑은 결혼하지 말랬잖으!

연애도 하지 말랬잖으!"

"아! 겨수님이 그랬죠. 아, 어쩌죠?"

"어쩌긴 어째!"

"하! 어쩌죠?"

"할 수 없다. 책이라도 빨리 읽으라 캐!"

"아, 진짜 그래야겠네여!"

"책이라도 빨리 읽으라!"?

맞다.

"책이라도!"라고 했었다.

그렇게 "책이라도!"라고 했던 그 책이 바로 이 책이다.

7 _

연필을 좀 준비해 주시면 좋겠다.

조금 낯설 듯한 이야기들, 줄을 쳐 뒀다가 돌아와 다시 읽어야 할 부분

이 있을 것 같아서다.

"오빠, 이거 무슨 말이야?"

서로 물으며 읽어가야 할 대목도 있을 것 같다는 생각에서다.

"연애 할 때는 이렇게 저렇게, 결혼해서는 요렇게 조렇게..."

편하고 쉬운 그런 이야기 몇 개 더 하려는 책이 아니다.

'결혼'? '사랑'? '행복'?

그런 것들을 '구조에서부터' 파고들려고 한다.

그리고 지금 늘 듣던 이야기와는 좀 "다른 이야기(different voice)"를

하려는 거다.
그래서 연필 이야기를 드리는 거다.

8 _

가능하면 한 문장의 단어가 열 개를 넘지 않도록 하려 했다.
길게 써야 될 이야기를 한 두 단어로 압축하는 방식이다.
해서, 운문(verse) 분위기가 많이 섞여 있는 글이 되었다.
그래서 글들 사이에 번호를 두었다.

그러기에 드리는 말씀이다.
산문(prose)처럼 그냥 쭉 읽지 않으셔야겠다는 말씀이다.
시는 아니니까 시를 읽을 때처럼 꼭 그렇게 하실 필요는 없다.
그러나 어느 정도 시를 읽는 분위기로 천천히 가 주셔야겠다.

번호 하나 하나에는 그 글들이 쓰여진 나름대로의 상황이 있다.
그 상황과 분위기를 잘 그려가며 읽어 주시면 좋겠다.
그렇지 않으면 분위기만 아니라 내용도 자칫 놓칠 수 있을 것
같아서 드리는 말씀이다.
리듬을 타고 '가다 서다'를 하면서.
다시 돌아 위로 올라갔다 내려갔다 하는 방식으로 읽어 주시면
더 좋겠다.

9 _

'셈', '꽁이', '까디', '또르르'.
'겨수님!', '축하해 주사여!', '말랬잖으!'.

"이거 뭐야? 말이 왜 이래?"
책을 읽으면서 혹시 그러실지 모르겠다.
제가 여기서 쓰는 용어, 글의 분위기 때문에 말씀 드리는 거다.
낯설지 모르겠다.
아니 불편하실지도 모르겠다.

지난 이십여 년 동안 이삼십대 내 제자들과 이야기 나누던 분위기다.
이렇게 가는 것이 이 책의 내용을 전하는 방식으로 좋을 것
같아서이다.
혹시 이런 표현에 불편해 할 분들이 있을까 염려되어
먼저 깊은 양해를 구한다.

10 _

"책이라도 읽어라!" 했던 책이다.
그래서 드리는 말씀이다.
세상에 나와도 그만, 안 나와도 그만인 책 아니면 좋겠다.
읽는 분이 많아도 그만, 적어도 그만인 그런 책 아니면 좋겠다.

이 책의 '있음'에 표가 꼭 나는 책.

'읽은 것'과 '안 읽은 것' 사이의 차이.

'있었던 것'과 '있지 않았던 것' 사이의 차이가 뚜렷이 있는

그런 책이면 좋겠다.

결혼에 대한 '시대정신'의 코페르니쿠스적 전환을 시작하게 하는

'울림 있는' 책.

그런 책이면 참 좋겠다.

이 말씀을 먼저 드리며 이제 이야기에 들어간다.

– 코로나로 모두가 아파하는 2020년 '팔로스 버디스' 언덕 위에서 꽁이랑

이야기

순서

• 먼저 드리는 말씀 · 2

1부: 결혼에 '대한' 이야기들 • 17

　　상황 ··· 19

　　　　'일(一)'도 안 반가운 차질(conflict) ··· 20

　　　　'답'이 안 되는 자구책(self-solution) ··· 26

　　　　불량 제품을 배송한 외주처(outsourcing) ··· 32

　　　　대들어 볼 수도 없는 시대정신 ··· 38

　　　　'기죽음' 아닌 역공(offense) ··· 44

　　행복의 황금률 ··· 51

　　　　'코드어'로써의 '차축성(axis)' ··· 52

　　　　'딜레마'에 이르는 "병", 미숙한 행복 ··· 58

　　　　'코페르니쿠스적 전환'으로 가는 성숙한 행복 ··· 64

　　　　'로망' 너머의, 완성된 행복! ··· 70

　　　　'대가 치르기'의 뜻 ··· 76

사랑의 로고스 … 83

　'사랑 고르기'의 이유 … 84

　'정(情)'으로써의 사랑 … 90

　'애(愛)'로써의 사랑 … 96

　'온(溫)'으로써의 사랑 … 102

　'사랑 고르기'의 의미 … 108

결혼의 철학 … 115

　'생각의 힘' 그리고 그 '결과' … 116

　'1+1=1'이라는 넌센스 … 122

　기본으로 먹고 들어가는 '대박 행복' … 128

　'우주적 더함'으로 더 하기 … 134

　철학이 이끄는 결혼 … 140

2부: 결혼을 '위한' 이야기들 • 147

구도 전환 ⋯ 149

'주변 연애'와 '연애'의 비동일성(difference) ⋯ 150

연애의 '본래성(authenticity)' 보기 ⋯ 156

연애의 '단명성(short)' 보기 ⋯ 162

이제 그만, '사랑의 고평가'! ⋯ 168

낭만의 '몰준비성(lack of preparation)' ⋯ 174

교제 ⋯ 181

교제의 취지 ⋯ 182

절대 항목은 절대적으로! ⋯ 188

상대 항목은 상대적으로! ⋯ 194

참고 항목은 참고로! ⋯ 200

교제의 의미 ⋯ 206

신화 ··· 213

　　희망 고문, '좋은 남편' 신화 ··· 214

　　넌센스, '헬' 신화 ··· 220

　　양파까기, '자기로 못 산' 신화 ··· 226

　　하나도 안 맞는 '맞는 말 하기' 신화 ··· 232

　　반만 깨워 주는 '신화들' ··· 238

추가 자원(supporting resources) ··· 245

　　"Little but Big", '결혼절'! ··· 246

　　이제는 '멘토'! ··· 252

　　'외계안(new interpretation)'으로! ··· 258

　　멈춤이 정답이다! ··· 264

　　고유 영토를 확보하라! ··· 270

• 나중 드리는 말씀 · 276

• 후기로 드리는 단장 · 280

결혼이 사랑에게 말을 하다

1부

결혼에 '대한' 이야기들

·

상황

·

행복의 황금률

·

사랑의 로고스

·

결혼의 철학

상

황

"있을 수 있는, 아니 있을 수밖에 없으나 있어서는 안 되는 것이 있다."

"'대화'라는 것은 할 줄 아는 사람들이나 하는 거,
'아무나'가 하는 것 아니다."

"'이렇게 큰 고초가 있는 줄 알았으면 절대로 이혼하지 않았을 거예요!'?
아무리 생각해도 국민 대표님들을 너무 믿었던 거."

"'시대정신'에는 배려라는 게 없다.
모든 것을 휩쓸어 자기가 데리고 가고 싶은 데로 다 몰아간다."

"청룡열차를 타기 전에 열차 탑승 후의 내용을 미리 파악하자는 거,
무턱대고 탄 후에 토 나오고 기절 하는 일은 일어나지 않도록 하자는 거."

'일(一)'도 안 반가운
차질(conflict)

1 _

우리, 처음에는 이러지 않았다.
처음?

'오빠!'
닳아 없어질 것 같아 부르는 것조차 아까웠던 이름이었다.
'오빠'에 사랑이 들어간다?
그러면 실제로 나는 소리는 '옵빠!'였다.
하루 종일 "옵빠! 옵빠! 옵빠! 옵빠!"

나, 아니 우리 둘?
처음에는 그랬다.

2 _

헌데, 어느 날.
'옵빠'에서 아래 '비읍'과 뒤 '쌍비읍' 없어졌다.
그냥 '오빠'가 됐다.

"오빠, 왜 이래!"
"왜 이래!"?

이거, 지금 오빠가 뭘, 왜 그러는지 묻고 있는 게 아니다.
"나, 지금 짜증나고 있다구!"라는 거다.
그래도 그 때까지는 '오빠'였다.

밤낮으로 더해지며 자꾸 쌓이던 짜증!
이제 '옵빠'는 물론 '오빠'도 아닌 게 됐다.
'이 남자!'다.
"이 남자, 왜 이래!"
"이 남자!"?

오, 오! 이걸 어째?
스멀스멀 시간이 가더니 이제는 이 '남자'도 아니다.
'사람'이 됐다.
"이 사람, 왜 이래!"

오 마이 갓!
급기야 '이 사람'에서도 한참 디스(?).
이제는 '인간'이다.
"이 인간, 왜 이래!"

'옵빠'가 '오빠', '오빠'가 '이 남자'.
'이 남자'가 '이 사람'.
그러다가 드디어 이제는 '이 인간!'으로.

끝없이 추락하는 이 호칭!
"이것이 정녕 우리 결혼들의 운명이런가!" 싶은 거.

분명한 '차질 발생'이다.

3 _

이 차질?
'오빠'라고 부르는 쪽에서만 일어나는 게 아니다.
차질은 오빠쪽에서도 일어나는 거다.

너무 예뻐 어떻게 부를지 몰라 끙끙대던 '그 이름'이었다!
그러던 게 바로 엊그제였다.
그런데 이제 그와 같은 상황이 오빠쪽에서도 발생한 거다.

"얘, 왜 이래?"!

상황 발생을 의미한다.

첫 상황 발생 이후의 경과는 '옵빠'에서 출발한 것과

조금도 다르지 않다는 거.

"이 여자, 왜 이래!"

"이 사람, 왜 이래!"

그러다가 갈 때까지 갔다!

그러면?

이제는 이 오빠 쪽에서도 "이 인간, 왜 이래!"가 되는 거다.

일단 상황이 발생하면 그 다음에는 그림(?)이 안 나오는 거다.

"호칭 추락'과 '행복 폭락'의 지수는 서로 정비례 한다나!"^^

4_

'행복'?

그 이름 너무 과분하여 이제는 그런 것 기대도 않는다.

그냥 '틈'이면 된다.

아주 쪼끄만 '틈'.

'틈'?

그냥 숨을 쉴 수 있기만 하면 되는 '틈'이다.

큰 것 바라는 것 아니다.

'틈'이면 감지덕지다.

이 상황에서 이것저것 따질 겨를이 없는 거다.

숨쉴 '틈'만!

5 _

이 버거운 차질!

십년 이십년, 길게 가서야 생기는 게 아니다.

씩씩한 커플?

두세 달이면 충분하다.

"그래도 지금 같이 살고는 있잖아?"

"말이 같이 살고 있는 거지!"

한 집에 살기는 산단다.

그러나 서로가 서로를 '투명 인간'으로 하고 산단다.

보통 일이 아니란다.

말 그대로 숨이 안 쉬어진단다.

레토릭?

말이 그렇다는 게 아니란다.

그게 '실제'란다.

차질?

참으로 다급한 차질 상황이다.

뭐 우아한 것 생각하며 있을 지경이 아니다.
이것저것 따질 여력이 없다고 했다.

일단 숨은 쉬어야 하니까.
'수(手)'를 내야 한다.
묘수 아니면 꼼수라도 내야할 노릇이다.

그런데 문제는 도저히 '수'라는 게 나오지 않는다는 거다.
수는커녕 견적조차 안 나온다는 거.

정말 '일'도 안 반가운 이런 차질들이 내게?
설마보다 더 설마 했었다.
그러니 준비, 대비?
그런 것 없었던 거다.

그렇다고 이대로 가만히 있을 수는 없지 않은가!
어쨌든 움직여보기는 해야 하는 거.

'답'이 안 되는
자구책(self-solution)

1 _

"어쨌든 움직여 보기는 해야 한다!"고 했다.
일단 스스로 손을 써보는 거다.
'자구책'이라고 해도 된다.

백만년 보다 더 긴 시간.
이불 뒤집어쓰고 자구책 구상에 몰두.
지금에 이르러 카드 하나 주웠다!

허나, 사실 쾌재를 부를만한 건 아니다.
리스크가 있을 것 같은 느낌.
세련된 카드라고 주장할만한 것은 영 아니다.

솔직히 좀 촌스러운 거 맞다.

그러나 사람들은 이러고 있는 나를 이해해 줘야 한다.^^

어쨌든 잘 되게 해보려고 이러는 거니까.

카드?

시나리오가 있는 거다.

뜻대로 안 이루어질 수도 있는 거.

그래서 좀 아슬아슬!

아니, 솔직히 걱정된다.

그러나 다른 사람들도 많이 한다니까 일단 해 보는 거.

카드의 내용?

'나가는 거'다.

집밖으로 뛰쳐나가는 것이 이 시나리오의 핵심 내용이다.

셀프로, "Q!"

(일단, 상당히 삐친 표정으로 나간다.)

그러면?

"오빠는 이렇게 혹은 저렇게 할 것이다.

그러면 오빠가 하는 액션에 따라 내 리액션 또한 이렇게

혹은 저렇게.

'플랜 A', 그게 안 되면 '플랜 B'!

그것도 아니면 'C', 'D'..."

드디어 액션!

2 _

아, 근데 이게 웬 일!
문을 나서면서 "아차!" 싶은 거.
초입에서부터 뭔가 "실패다!"라는 불길한 느낌이 온 몸에 쫙~.

이 촉!
이 기분!
시나리오가 의도대로 작동하지 않는 게 분명하다.
아이쿠, 'A'는 물론 'B', 'C', 'D'까지 다 망한 거!

3 _

"겨수님, 제가 나가면 오빠는 나를 찾으러 와야 하는 거 아니어요?"
그것은 시나리오 'B', 'C', 'D'에 공히 있는 내용이었다.
"제가 뭐 멀리 간 것도 아니고 바로 문 밖에 있었는데."

"너는 왜 찾으러 안 나갔니?"
"지(?) 발로 나갔으면 지 발로 기어 들어오는 거지!"
오 마이!
'발'이 아니다.

'무릎'이어야 한단다!

시나리오 하나가 얼마나 힘든 건데.
이 아까운 시나리오가 이토록 허무하게 산화하다니!
'자구책의 차질 발생'으로 이 첫 카드는 정산 끝!

4 _

내가 생각해도 '가출' 카드는 모양이 좀 그랬다.
지나치게 감정적, 감상적이었다.
허긴, 처음부터 성공 확률이 그리 높지 않을 줄 모르는 바 아니었다.
하도 답답하니까 해 본 거라는 사실을 깔끔히 인정!

정신줄을 잡고 수습.
감정과 감상이라는 질 떨어지는 것으로부터의 '업(upgrade)'!
이제 그 수준은 넘어서는 것으로 하는 거다.

우리가 지성인이라는 사실에서 출발하자는 거.
지성과 논리 위에서다.
품위와 격조도 보자는 거.
"우리는 우리다울 수 있고 또 우리다워야 한다!"
그렇게 된 그 다음의 자구책?
'대화'라는 카드다.

5 _

전국구 대표님들이 여기저기서 자주 말씀하시는 거다.
효험이 있다는 건지 없다는 건지는 아직은 확실히 잘 모르겠음.
그러나 이 또한 많이들 쓴다니까.
이 역시 우리 둘에게는 익숙하지 않으니 조심 또 조심.

대화라는 카드를 꺼내려 하니 이 역시 만만치는 않은 거.
누가 먼저 "우리 대화 좀 하자!"고 말을 하나?
제안하는 처음부터가 난항!
대화를 제안하는 것 자체가 이미 긁히는 노릇 아닌가?
긁힌다?
자존심 긁힌다는.
지금까지 이짓 했던 게 결국 목숨 같은 자존심 하나
건지자는 거였는데.
"우리 이러지 말고 대화를 하자!"는 말을 내가 먼저 한다?
"햐! 내 자존심 쉽지 않네!"다.

하지만 카드를 하염없이 만지작거리고만 있을 수는 없는 거.
용기를 낸다.
그리고서 대화 감행!
시작, 진행, 그리고, 종료!

근데 이게 또, 웬 사달?

'대화'라는 것은 할 줄 아는 사람들이나 하는 거였다.

우리 같은 '아무나'가 하는 것이 '대화'가 아니었다는 거다.

"이럴 줄 알았어! 당신 같은 사람하고는 백날 말 해봐야."

"당신 같은 사람!"?

그 날 밤, 일기 내용의 요약은 이러했다.

시작 줄, 대화라는 걸 한다면서 서로 말꼬리 잡다가 도로 망했음.

다음 줄, 전투 반경이 감당 못할 정도로 하염없이 더 넓어짐.

끝엣 줄, '대화는 아무나 하는 것이 아니라는 것'을 완전 학습함.

신통력이 있다는 이런 저런 카드들을 공중보다 더 공중인

허공에 여럿 날렸다.

자구책들의 연이은 낭패에 따른 '마음 무거운' 이 결론?

"지금 우리 실력으로는 아주 어렵다!"

전혀 '구'원이 안 되는 자'구'책!

불량 제품을 배송한
외주처(outsourcing)

1_

결론적으로 "지금 우리 실력으로는 어렵다."는 거였다.
자구책으로는 감당하기 쉽지 않다는 말이다.
외주로 눈을 돌릴 수밖에 없는 노릇.

그런데 참 다행이다.
외주처 찾기가 그리 어려운 게 아니었다.
'국민 대표님'들의 맹활약 덕이다.
찌라시? 신문? 방송?
그런 데까지 갈 것 없다.
그냥 손바닥 '폰' 안으로 실시간 택배다.
국민 언니, 국민 이모들!

이제는 국민 삼촌들까지 합세한 형국이다.

2 _

제품은 아주 깔끔하다.
제품명이 '확 & 끝'이다.
"확, 끝내버려라!"라는 거다.
"뭘 꾸물거리고 있느냐?"는 거다.

국민 대표님들이 하는 말이다.
그러니까 마음이 가고 믿음이 가는 거다.
무엇보다, "해 봤다!"는 거 아닌가!
"그러니까, 되더라!"는 거 아닌가!
해 봤고, 해서 됐다는데 뭘 더?

이 무장 해제에 가속이 붙는 이유는 경우가 나와 꼭 같다는 거.
"사랑해서 결혼 했단다."
"하고 보니 결혼은 행복의 '시작'이 아니고 '종말'이더란다."
"그러고 보니 이제는 '행복', '불행'이라는 말 자체가 사치더란다."
나하고 이렇게 꼭 같을 수가!
그러니까 신뢰가 백프로 넘는 거다.

이 제품의 원자재는 '정직'과 '용기'다.

이 둘만 조합하면 완제품 되는 거다.

3 _

미국 유학의 초기에 봤던 한 스위트한 여학생.
인기 만점이었다.
결혼한다고 했다.
클래스의 반응은 '축하!' 일색이었다.
"공부가 만만찮은 대학원의 시작인데 결혼 생활이 힘들지 않을까?"
애정 어린 덕담도 있었다.
그런데 걱정 안한단다.
'사랑'하기 때문이란다.
너무 '행복'하단다.
그런데 날이 저물면 헤어져야 하는 그런 '미완성의 행복'은 싫단다.
결혼이라는 '완제품 행복'을 원한단다.
우리 모두 만장일치 동의일 수밖에.

그 학기가 지나고 다음 학기 중간 즈음의 한 쉬는 시간.
상황의 급전 직하!
바깥 분위기가 싸했다.
강의실 밖 벤치에서 그 여학생이 코를 훌쩍이고 있었다.
살가운 친구 하나가 꼭 끌어안아 주고 있었다.

이혼해야 하게 되었단다.

"엥?"

이제는 행복하지 않단다.

더 이상 사랑하는 것을 확인할 수 없단다.

'행복이 없는 결혼', '사랑하고 있지 않는 결혼'을 유지하는 것?

정직하지 못한 거란다.

정직해야 한단다.

정직, 그 다음은?

정직을 실행하는 용기란다.

그렇게 '정직과 용기', 그 둘이면 족하단다.

그 둘이면 '큰 틈'이 생기고 넉넉한 숨이 쉬어진단다.

"하늘과 땅의 색깔이 바뀌더라."는데 뭐!

4 _

'정직과 용기'를 원료로 하는 제품들의 대량 출시각(?)!

'황혼 이혼', '졸혼', '관리 졸혼'?

망설이고 자시고 할 게 아니다.

홈쇼핑에 뜨는 대로 바로 바로 구매다.

마트까지 갈 것도 없다.

그냥 손가락만 몇 번 누르면 '배달의 직배'다.

패키지 상품으로 나오는 '결혼-이혼'?

이제 '결혼-이혼'은 '원 플러스 원' 상품이다.

하나 사면 다른 하나는 그냥 추가되는 서비스 상품.

'미혼'?

그것은 뭐가 모자라서 못하는 것 같으니까 자존심 상하는 거다.

이제는 '못' 하는 것이 아니라 '안' 하는 것으로 가는 거다.

이 제품 이름하여 '비혼'이다.

휴학처럼 하는 '휴혼(休婚)'.

육년 정도에 한 번씩 하는 '안식혼(安息婚)'.

이런 제품도 매출이 좀 될라나?

5 _

근데, 출시 후 얼마 지나지 않아 발생하는 수많은 하자들!

이 하자들, 정말 만만치 않은 거.

보아하니, 이것들 처음부터 아주 불량품이었던 거다.

출시하자마자 리콜될 수밖에 없는 완전 불량 제품.

구매 후에 뒤집어 써야 할 '덤터기'가

수두룩한 불량 제품이더라는 말이다.

"아니어요. 나는 후회 안 해요!"?

그러기도 하고, 또 그럴 수도 있다.

그럼에도 불구하여 진드기 같이 붙어 안 떨어지는

이 '영혼의 덤터기'?

"이렇게 큰 고초가 있는 줄 알았으면 절대로 이혼하지

않았을 거예요!"

"아니, 그 때 깊이 생각했잖아요?"

"했었죠!"

"근데요?"

"그 때에는 전혀 예상할 수 없던 것들이어요!"

"확 & 끝"?

정답이기에는 아무래도 너무 '아닌' 거였다.

깔끔한 답은 전혀 아니었다.

제품에 묻어 있는 덤터기가 이만 저만이 아니기 때문이다.

어쩔 수 없어서 주었던 외주였지 정말 '아니'었다.

아무리 생각해도 국민 대표님들을 너무 믿었던 거!

외주처가 보내 온 이 상품은 진정 말 그대로 '불량 진품'이었다.

대들어 볼 수도 없는
시대정신

나보다 백만배나 품이 큰 '묵은 친구'.
꼬마 시절부터 큰 품으로 세상을 다 보듬어 안던 친구.

"이제는 그만 두겠다!"고 했다.
몸서리치는 이십여 년으로 한결같았단다.
정작 견디기 힘든 사람은 그 지난 세월을 들어주던 나였다.
"뭐, 그런 넘이 다 있어!"

"아! 자기만 아는 힘든 게 이렇게 있는 거구나!"
기가 막혀 말이 아니라 떠오르는 생각도 없었다.
천만리길 멀리 떠나겠다는 묵은 친구에게 해준다는

마지막 말이 고작?

"그래, 네가 알아서 잘해!"

교육학으로 평생을 교수했다는 넘이.

박사과정에서 '인간' 연구 한참 했다는 넘이.

배배 꼬인 인생 상담 수없이 했다는 넘이.

내가 참 한심스러웠다.

그 때는 팔프로!

통계 조작? 통계 오류? 통계 방식의 하자?

사실은 아니란다.

그런데 말로는 지금 오십프로 가까이로 만들어 놓은 곳도 있다.

"오십프로 육박"?

그래 놓고선 "너나 나나" 다 하자는 거?

분명히 이건 '아니'라 싶은 거다.

2 _

이야기 막 하자는 것 아니다.

허락이 된다면 같이 아파하면서 하자는 이야기다.

이야기 하다보면 혹 '틈'이 보이고 '길'이 생기지 않을까

해서라는 거다.

"너나 나나!"?

그렇게는 안 될 수 있을 것 같은 마음에 '해보자!' 해서 하는 말이다.
아니, 그렇지 않게 할 수 있는 길이 있을 것 같아서 하자는 이야기.

3 _

'차질(conflict)'과 '문제(disaster)'는 달라야 한다는
생각에서 하는 이야기다.
'차질'은 얼마든지 있을 수 있는 것,
어쩌면 '있을 수밖에 없는 거'다.
그러나 '문제'?
그것은 다르다.
'있을 수는 있는 것', 그러나 '있어서는 안 되는 것'이기 때문이다.

집을 뛰쳐나오기 전까지의 많은 차질들!
집을 뛰쳐나왔던 차질!
힘들여 시도했던 대화, 그 결과로써의 또 다른 차질!

'차질', '차질들'?
거기까지는 '얼마든지 있을 수 있는 일'이다.
그런데 "그래서, 우리 결혼은 여기서 '끝'"?
거기부터는 아니라는 말이다.
'끝'은 차질과 다르다.
'끝'은 차질을 훨씬 넘어서버린 거다.

'이미' 무너져 버렸다는 거다.

'차질'은 어디까지나 과정이지만 '끝'은 "마지막의 말(final word)"
이기 때문이다.

있을 수는 있지만 '있어서는 안 되는 일'이라는 말이다.

4 _

기대가 있는 곳에는 차질이 있다.

결혼이 딱 그런 거라서 하는 말이다.

결혼에는 기대가 있어 당연히 차질이 있을 수 있다는 말이다.

아니, 있을 수밖에 없다는 거다.

하지만 지금 묻자는 물음은 이거다.

"차질이 있으면, 그러면 그것이 죄다 문제가 된다!"?

키에르케고르는 "절망은 있을 수 있는, 아니 있을 수밖에 없는 거"
라 했다.

그러나 "절망에서 떠나려 하지 않고 그 절망에 그냥 머물러
있으려 하는 절망"?

그것은 "있을 수 있으나, 있어서는 안 된다."는 거다.

그것은 "죽음에 이르는 병"이기 때문이다.

"죽지도 못하는 죽음".

결혼에서의 차질?

얼마든지 있을 수 있는 '그냥 절망'이다.

그러나 결혼을 깨는 것?

그것은 '그냥 절망' 아니다.

"절망에서 절망한 절망"이 된다는 말이다.

우리는 그것을 '아니(Nein!)'라고 하자는 거다.

5 _

오십퍼센트라 말하기에 이르는 동안 우리에게 생각이 없었어서?

그렇지 않다는 것을 우리는 잘 안다.

성격 차이? 무능? 무책임?

그런 것들의 심각성과는 정도를 완전히 달리하는

'흑사연(black story)'들!

유별나서? 악해서?

욕심이 과해서? 이기적이어서?

그런 생각들 다 했었다는 말이다.

그러나 그것들이 문제의 전부라면 우리가 지금 이토록

망가지지는 않을 거였다.

이 상황은 그 정도 무게의 것에서 시작된 게 아니라는 거다.

훨씬 무거운 것에서부터 시작되고 있다는 사실.

"훨씬 무거운 것에서부터"?

'나와 너 사이'에서와 같은 데서가 아니라는 거다.

주변의 상황 정도에서가 아니라는 거다.

사회나 국가 차원 정도도 아니라는 거다.

그것은 그 위력이 실로 어마어마한 거.

세대를 장악하고 있는 "시대정신"이라는 것에서라는 거다.

6 _

그것이 이런 저런 차질 수준이라면 손이라도 써볼 수 있는 거.

그러나 그것이 '시대정신'이다?

그러면 이야기가 완전히 달라지는 거다.

시대정신에는 배려라는 게 없다.

모든 것을 휩쓸어 자기가 데리고 가고 싶은 데로 다 몰아가는 거다.

우리가 대들어볼 수 있는 수준의 압력이 아니라는 말이다.

우리 결혼들이 그 어마어마한 위력에 에워싸여 있다는 것.

그래서 우리가 이렇게 더 힘들어져 있다는 이야기다.

이렇게 빈번히 차질이 차질을 넘어 문제가 된다?

자구책, 외주 카드 몇 장으로 손을 댈 수 있는 일이 아닌 거다.

시대정신이라는 거대 담론에서 모종의 '그 무엇'을 봐야하는 거다.

시대정신 수준에서 단서를 찾아내는 것!

그렇게 해서 '그 다음'을 이야기할 수 있게 해야 하는 거라는 말이다.

'기죽음' 아닌
역공(offense)

1 _

'시대정신'?
지금 여기서 말하는 시대정신은 '포스트 모던 정신'이다.
단서를 찾아내야 한다는 것이 바로 여기에서다.

포스트 모던의 핵심?
'자기 행복 추구'다.
'자기 행복'이 가치 판단의 최우선이 되어 있는 정신.
'자기 행복 추구 우선 정신'이다.

모든 것이 다 되어도 '자기 행복 하나'가 안 되면
아무것도 안된 것이 되는 시대다.

자기 행복, '그 하나'가 되면 다른 것이 안 되어도
모든 것이 다 된 것으로 되는 시대다.
다른 것은 다 용서가 된다.
그러나 누가 '자기 행복'을 긁는다?
그것 하나는 용서가 되지 않는 시대다.
용서를 안 하는 게 아니라 용서가 안 되는 거다.

"아이들 행복 때문에 내 행복이 망가지는 건 '아니'잖아요?"
포스트 모던의 신인류 엄마들의 야무진 소신이다!

2 _

뭐 그리 큰 것을 가지겠노라 하며 그러는 거 아니다.
사람들이 갑자기 험하게 변했기에 그런 것도 아니다.
우리는 계속해서 선남선녀, '그냥 사람'이고 있다.
문제는 '자기 행복 추구'라는 시대정신이
우리를 에워싸버렸다는 거다.
그래서 결혼조차 내 행복 추구의 '수단'이 된 거라는 말이다.

결혼이 '행복 추구의 수단' 된 거?
우리가 그렇게 하려 해서 된 것 아니다.
이 시대정신이 우리의 가치관을 그렇게 몰아다 놓았다는 말이다.
그러니 결혼에서 내 행복이 긁힌다?

용서하게 되지를 않는다는 거다.

행복을 건드렸으니 가차없이 "끝!" 한다는 거다.

3 _

그런데 '단서' 같은 것이 하나 '퍽!' 하는 거!

생각해보니 "전통 사회에서는 이러지 않았다!"는 거다.

'자기 행복 추구 수단'으로써의 결혼?

개념 자체부터 아예 있지를 않았다.

그러니 "끝"이라는 것이 이렇게 빈번하지 않았다는 거.

그 때 우리 결혼들은 '사회적 자산'이었다.

결혼은 자기가 행복하려고 하는 게 아니었다.

집안 어른들이 하라고 하니까 하는 거, 때가 되니까 하는 거였다.

대개가 다 그냥 그렇게 해서 그렇게 가는 거였다.

혹, 결혼해서 행복 했다?

그랬다면 그것은 행운이고 '덤'이었다.

추구하는 바 그 목적은 아니었다.

행복하지 않다 하여 결혼을 송두리째 깨는 그런 일은

거의 없었다는 말이다.

그러면 '답'이 나오는 거?
'전통 사회의 시대정신으로 회귀'!
'행복 추구의 포기, 아니면 행복의 기대치 최소화'!

지금 여기서 우리, 그런 쪽으로 이야기 하자는 거 아니다.
그것은 현실적으로 가능하지 않을 뿐 아니라 바람직하지도 않다.
오히려 정반대로 가자는 거다.
'기죽음'이 아니라 '역공'이라 했다.
거꾸로, 포기가 아니라 더 큰 행복으로 치고 나가자는 거다.
행복의 기대치를 극대화시키는 공격적인 방향으로 가자는 거다.

이거 넌센스?
방금 '자기 행복 추구'라는 시대정신이 문제라 했다.
그런데 되레 '행복 추구의 극대화'?
넌센스 맞다.
그래서 이야기를 좀 더 해야 한다.

놀이공원 이야기다.
놀이공원 익사이트먼트의 대미는 '청룡열차'다.

공원에 있는 수많은 익사이트먼트를 즐긴 우리 앞에
지금 있는 것이 청룡열차다.
청룡열차?
우리가 이 열차 앞으로 오려고 해서 온 것 아니다.
돌다보니 지금 이 시점에 우리 모두 앞에 이 열차가 있는 거다.
그러니 너도 나도 다 타는 거다.
그 대세를 따라 나도 탄 거다.

그런데 결과가 완전 '폭망(亡)'!
급기동부터가 문제였다.
몸이 이리저리 쏠려 죽을 맛!
눈앞은 캄캄, 토를 하며 실신, 아니 기절이었다.
내린 후 한참을 지나도 가시지 않는 이 드러운(?) 기분!
청룡열차 이 하나 땜에 오늘 이 놀이공원 익사이트먼트 전부가
폭망이었다.

여기서 질문 하나!
'그러면 청룡열차라는 게 애시당초 우리의 익사이트먼트를
망치도록 되어 있었던 거?'
그건 아니다.
청룡열차가 놀이공원의 익사이트먼트들 중에 압권인 것은 맞다.

그러면 뭐가 문제?

'그냥 탔던 게' 문제였다.

열차가 우리 앞에 왔다고 그냥 훌쩍 올라타 버린 거,

그게 문제였다는 거다.

타기 전에 청룡열차가 뭔지를 먼저 알아보고 타야 했던 거다.

청룡열차만이 주는 그 특유의 익사이트먼트가 무엇인지?

또 그 익사이트먼트 이면에 있는 살인적인 급기동 같은 것이

어떤 것인지?

그 익사이트먼트를 위해 치러야 할 대가 같은 것에 대해서도 말이다.

타기 전에 대비할 것은 대비하고 각오할 것은 각오를 하고

탔어야 했다는 거다.

"정말 나는 아니다!" 싶은 최악의 경우,

타지 않아야 했을 수도 있는 거고.

결혼을 통한 '자기 행복의 추구?

틀린 것 아니다.

포기할 것도 양보할 것도 축소할 것도 아니다.

틀린 것이 있다?

그것은 알아 봐야 할 것을 알아보지 않은 채

막 뛰어 들었더라는 거다.

막 들어간 '그게' 아니라는 거다.

이제 '행복의 황금률'을 시작으로 하려는 이 이야기들.

결혼이라는 이 청룡열차를 타기 전에

잘 알아보고 타자는 이야기다.

청룡열차를 타기 전에 열차 탑승 중의 상황을

미리 파악하자는 거다.

준비할 것은 준비하고 대비할 것은 대비해서

제대로 들어가자는 말이다.

무턱대고 탄 후에 토가 나오고 기절하고,

그렇게 되지는 않도록 하자는 거다.

"오십퍼센트 육박!"?

그러지는 말자는 거다.

이제는 우리, 결혼으로 이렇게 너무 죽 쑤고 기죽고

하지는 말자는 거다.

행복의
황금율

"다른 행복들에게 영향을 주는 행복."

"대가를 치러 상대를 먼저 행복하게 만들어 준 다음
그가 행복해 하는 것을 보고 행복해 하는 행복."

"상대를 행복하게 만들기 위한 수고를 더 이상 '노예 살이'라 부르지 말고
'대가 치르기'라는 사랑의 이름으로 부르자는 이야기."

'코드어'로써의
'차축성 (axis)'

1 _

뭘 하면서 정작 자기가 하려는 '그것'이 무엇인지를 모른다?
삽질하게(?) 되는 거다.
청룡열차를 타겠다면서 청룡열차를 모른다?
청룡열차가 '삽' 되는 거다.

지금 이야기는 '결혼', '결혼의 행복'에 대한 거.
"'결혼의 행복'이 어떤 것인지?"에 대하여 알아보자는 거다.

결혼을 해서 행복하려 한다!
그런데 자기 하려는 그 행복이 무엇인지 제대로 모른다?
'결혼 행복'이 '삽' 된다는 말이다.

2 _

'행복 이야기'라 해서 세상 행복 이야기 다 하자는 것 아니다.
결혼을 가지고 말해야 할 행복에 대해서만 이야기하려는 거다.
결혼의 행복 이야기를 할 때에 꼭 해야 하는 이야기.
'결혼 행복의 고유성' 이야기라 할 수 있다.

'결혼 행복의 고유성'?
"차축성"을 이야기하려는 거다.
'결혼 행복의 차축성'.
결국 "'차축적 기능이 있는 결혼의 행복'이 어떤 것인가?"를
묻는 이야기다.

3 _

'차축성'?
야스퍼스가 이야기하는 "차축시대"라는 용어에서 빌린 말이다.
같은 '하나'이면서 다른 '하나'들에게 영향을 주는 '기능성'을
보려는 거다.

"차축시대"?
시간의 모듬, 시대의 이야기다.
동서양의 위인들을 통하여 수백 년간 고대 문명을 발생시킨

'시간'들이다.

물리적으로는 다른 시대들과 다 같은 '하나'의 시대다.

그러나 기능적으로는 다른 시대들과 같지 않은 시대다.

그 시대는 그 후에 도래하는 다른 시대에 지대한 영향을 끼치는 특이한 시대이기 때문이다.

다른 '하나'들에게 영향을 주는 그 '하나'로써의 특이성!

'차축성'이라는 말에서 보자는 것이 그것이다.

4 _

"차축성을 가진 '결혼의 행복'"?

얼핏 보기에는 그 행복 역시 여러 행복들 중의 '하나'다.

그러나 그 행복은 다른 행복들과는 다른 행복이다.

다른 행복들에게 영향을 끼치는 '기능성' 행복이기 때문이다.

행복에서만이 아니다.

삶의 전 영역으로 그 행복이 전이되는 특이한 행복이다.

운 좋아 생기는 '행운' 아니다.

그냥 생겼다 말았다 하는 '감(感)' 아니다.

커피 한잔의 향기에서?

사랑하는 사람과 함께 하는 여행에서?

아내가 해주는 밥, 빨래 같은 것?

그런데서 오는 행복감, "아, 기분 좋아!"

그런 '느낌', '기분' 같은 것 아니라는 말이다.
전이되고 확장되는 그 가능성을 봐야 한다는 거다.

5 _

우리가 잘 아는 이야기, '가화만사성(家和萬事成)'.
'가화'?
그 자체로 의미가 있는 모종의 '하나'다.
그러나 이 '가화'는 가화 자체로 끝나는 '하나인 하나, a'가 아니다.
다른 생활에 영향을 주는 '그 하나, the'다.
'가화'가 되는 순간 그것은 다른 행복, 다른 생활에 순기능적으로
작용한다.
그런 의미에서 '가화'는 차축적이다.

6 _

결혼이 불행하다?
불행 그 '하나'가 밤낮을 뒤숭숭하게 하는 거다.
밤낮?
매사라는 말이다.

불행 그 '하나'가 회사로 전이된다?
사업 기획에 전이된다?

사업 결정 과정에 전이된다?

그 '하나'가 사업의 전방위로 전이되는 것을 보자는 말이다.

엄마 아빠가 살벌한 분위기로 '오늘, 내일!' 하고 있다.

아이들은 어쩔 도리가 없다.

엄마 아빠의 결혼 불행, 그 '하나'?

그 '하나'가 학교로 간다는 말이다.

그 '하나'가 학교로 가 거기서 끝나는 게 아니다.

학교를 거쳐 그 다음, 그 다음으로 계속해서 전이되어 간다는

말이다.

'결혼 행복의 차축적 전이성'?

방금 이 두 이야기와 반대되는 경우를 보자는 거다.

행복해진 결혼.

'결혼의 행복'

그 결혼의 행복 '하나'가 남편 회사로 간다?

그 '하나'가 아이들 학교로 간다?

그 '하나'가 회사로 전이된다는 이야기다.

그 '하나'가 학교로 전이된다는 이야기.

회사로 간 행복, 그 '하나', 학교로 간 행복, 그 '하나'?

그것은 또 그 다음의 '하나들'에게로 계속해 전이되면서

영향을 끼친다는 거다.

"코드어, '결혼 행복의 차축성'"이라는 말이 그 말이다.

7 _

모든 행복 다 이야기하자는 것 아니라 했다.
다른 행복들은 이야기할 가치가 없어서가 아니다.
모든 행복을 다 말하려다가 정작 해야 할 이야기의 핵심을
놓칠 수 있기에 하는 말이다.
지금은 '차축적인 결혼의 행복'에 대한 것만 이야기하려는 거다.

정리하면 '차축적인 결혼의 행복이란 어떤 것인가?'이다.
그 이야기를 행복에 이르게 하는 '방식에 대한 이야기'로 하려 한다.
"어떤 것인가?"
그것은 내용을 묻는 물음이다.
그런데 "어떻게?"라는 방식 이야기로 대답한다?
그렇다.
'방식 이야기'를 하는 중에 그 내용이 드러날 것이기 때문이다.
몇 몇 방식이 있다.
삽질이 되는 방식, 제대로 된 방식,
그래서 행복을 완성시켜가는 방식.
방식들 사이에 있는 행복 완성도의 차이도 보면서 가려는 거다.

'딜레마'에 이르는 병,
미숙한 행복

1 _

이런 이야기다.

졸업을 한 후에 십여 년 만에 한 녀석이 왔다.
"잘 지냈니?"
물어보나 마나다, 잘 지낸 녀석들만 오니까.
"예!"
"행복해?"
"예, 그런 것 같아요. 오빠도 직장 잘 다니고, 애들도 잘 자라고 있고."
이런 저런 덕담을 한참 했다.
그러더니 뭘 "웅얼"!
"왜? 뭐?"

"애도 이만큼 크고 오빠 직장 자리도 잘 지키고,
이렇게 한 십 년 보냈는데."
"그런데?"
"가끔 억울하다는 생각이 들어요."
"뭐가?"
"나는 그동안 그렇게 오빠한테 다 해 줬잖아요.
애들 키운 것도 사실 오빠한테 해 준 거일 수 있고.
근데 오빠가 나한테 해 준 게 뭔가 하는 생각이 날 때가 있어요.
그러며 좀 화가 나려고 해요!"
말을 끊었다.
"얌마, 너 그럭하면 안 돼!"
"넹?"
"너, 네가 오빠한테 잘 해 줘서 오빠가 좋아하는 것 보고
네가 좋아 해야지, '오빠가 나한테 해 준 게 뭐냐?'
그런 식으로 나가면 클 나!
그런 식으로 가면 벽에 막혀!"

2 _

그러니 한 이 십여 년 봐 왔다.
타고 나기를 반듯하고 맑고 순수한!
무슨 이기적인 것?
그런 것이 전혀 없다.

정말 착한 녀석이다.

그런데 그 '하나'가 보였다.
행복을 생각하는 방식, 행복으로 가는 방식에 있어서의 차질이었다.

방식에 있어서의 차질!
미숙한 방식, 미숙한 행복?
같은 말이다.

정리하면 이렇다.
'다른 누군가가 나를 위해서 대가를 치러 주어야
내가 행복해지는 그런 방식의 행복'.
행복은 행복이다.
그러나 지속적인 행복이 못된다.
되다 말다 하는, 아니 제대로 잘 안 되는 행복이다.

3 _

갓 결혼한 남편들은 이구동성으로 "행복하다!" 한다.
아내가 밥도, 빨래도, 청소도 다 해 주니까.

좀 들여다봐야 할 것이 있다는 말이다.
자기가 그렇게 행복하다?

그 때, 자기 아닌 다른 누구, 즉 아내가 무엇을 하는지 보라는 거다.
밥하고, 빨래하고, 청소를 하고 있는 거다.
"나 좋아라!"하고 있을 때 아내가 그 수고를 하고 있는 거다.
아내가 대가를 치르고 있다는 말이다.
그 덕에 자기가 행복하다는 거다.

우리가 지금 "나 행복하다!"고 하는 것이 대개 그런 거다.
누군가가 내 행복을 위해 대가를 치러줘야만
내가 행복해지는 그런 행복!

4 _

나는 또르르들에게 밥을 잘 사주는 '고수님'이였다.
물론 커피도 참 잘 사주었다.

캠퍼스 야외 카페에 서 있는다.
"야! 또리 커피 사 줄까?"
또리만 아니다.
지나가던 이 또르르, 저 또르르들이 다 달려든다.
"나는요? 나는요?"
환호성이다!

환호성?

그게 또르르들에는 '행복'이다.

"그래, 그래!" 다 사준다.

다들 무지 행복해 한다.

근데, 또르르들 이 행복에 들여다볼 게 있다는 말!

내가 내는 자기들의 커피 '값'.

내가 자기들의 행복을 위해서 내는 돈이라는 '대가' 말이다.

내가 자기들을 위하여 돈이라는 대가를 안 치렀다?

또르르들에게 그 행복은 없는 거다.

또르르들의 그 행복?

자기들을 위하여 누군가가 대가를 치룬 덕분에 생긴 행복이다.

5 _

행복은 행복인데 이런 행복은 그 한계가 너무 뻔하다.

그런 행복으로 계속 가고 싶다?

그 때마다 대가를 치러줄 누군가가 자기 곁에 있어 주어야 한다는 거다.

자기가 행복하고 싶을 때마다 대가를 치러 주려는 사람이

항상 자기 곁에 있어 준다?

그림이 금방 나오는 거다.

안 되는 거다.

미숙한 방식에 기댄 미숙한 행복이라는 거다.

'결혼 행복'이라는 게 꼭 같은 거다.
"나 행복하고 싶으니 당신이 계속해서 대가를 치러 봐!"
둘이가 다 그러고 있다?
답이 안 나오는 거다.
바라는 행복이 될 리가 없는 거다.

"오빠가 나한테 해 준 게 뭐야?"
그것은 내 행복을 오빠 손에 매달아 놓은 거다.
오빠가 해주면 행복, 오빠가 안 해주면 '안 행복'?
행복의 주권 상실이라는 말이다.
주권도 없는 내 행복으로 행복은 무슨 행복!
서로가 "네가 나한테 해준 게 뭐!"?
그게 그렇다는 말이다.

미숙한 방식, 그래서 미숙한 행복?
지금 우리 결혼들이 거의 다 그러고 있는 것 같아서 하는 말이다.
미숙한 방식으로는 차축 행복으로 갈 수가 없다.
전이가 아니라 자기 행복의 명줄 보존도 어렵다.
완성도가 더 높은 방식이 필요하다.
성숙한 방식, 성숙한 행복으로 가야 한다는 말이다.

'코페르니쿠스적 전환'으로 가는 성숙한 행복

1_

천사 같은 사람이 자기 곁에 계속 있어 줘야 가능한 행복?
미숙한 행복이라 했다.
그건 '아니'라 했다.
완성도가 더 높은 방식으로 가야 한다고 했다.

완성도가 더 높은 방식?
성숙한 행복, 성숙한 방식의 행복이다.
'대가를 치러 상대를 먼저 행복하게 만들어 준 다음 그것으로
그가 행복해 하는 것을 보고 행복해 하는 방식의 행복'이다.

캠퍼스 카페 이야기의 계속.
'아메리카노 커피'는 천이백원이었다.
대여섯 명 사 줘도 기껏 만원이다.
'아메리카노'에 또르르들은 정말 행복해 했다.

또르르들이 행복해 한다!
여기서부터다.
여기서부터?
맞다, 거기에서부터다.
거기서부터 나도 막 행복해 지는 거!

또르르들이 '오바'에(?) '오바'를 거듭하며 행복해 하는 것이
내게는 너무 재미있었던 거다.
지들(?)의 재미, 지들의 행복이 나의 재미고 나의 행복이었다는 거다.
"얘들아, 니들, 내 행복에 좀 참여해 주겠니?"^^

연구실에 있다가 갑자기 행복하고 싶어진다?
그러면 카페에 내려가면 된다.
그래서 행복해버리면 된다.
퇴근하다가도 행복하고 싶다?
'페'에다가 날린다!

"6시까지 서대문역 앞 롯데리아에 올 사람, 손!"
와글와글이다.

이런 방식의 행복?
남에게 신세를 질 일이 없는 행복이다.
행복의 제조 주권이 무한히 내게 있는 행복.
내가 행복하고 싶을 때마다 행복할 수 있는 행복.
남의 눈치나 보며 기다리는 그런 질 떨어지는 행복과는
차원이 다른 행복이다.
완성도가 훨씬 더 높은 행복.

3 _

꽁이랑 집에서도 꼭 마찬가지다.

라면 하나 끓여 준다?
매번 지금까지 끓여 준 것 중에 제일 맛있단다.
'매번이 제일 맛있는' 넌센스!
사진으로 찍어서 카톡으로 동네에 날린다.
"우리 꼬이씨가 만들어 준 거!"
집 청소 조금하면 "남의 집 같으다!"며 찬탄을 한다.
"명품 남편"이란다.
인류 역사상 최초로 출현한 신인종!

나는 꽁이가 그렇게 좋아하는 게 너무 재미있다.

꽁이를 재미있게 만드는 재주를 가진 나 스스로에게 감탄까지

하면서 즐겁다!

그런 저런 재미가 다 내 행복이다.

집에서도 나는 이렇게 행복하고 싶은 만큼 실컷 행복해버린다.

"자기 꽁이들과 있으면서 안 행복한 사람들은

참 신기한 사람들이얌!"^^

4_

한 연구소에 연구를 했단다.

"행복하기 위하여 부부간에 집안일을 어떻게 나눌까?"에 대한 연구.

"여보시오들, 뭔 삽질들이슈?

먼저 본 사람이 하는 거지 뭘 나누고 잡숫고 그런다요?"

꽁이가 좋아하고 꼬이씨가 좋아한다?

그러면 서로 서로 먼저 하는 거지 그런 걸 가지고

비싼 연구비 들여가며 무슨 연구씩이나!

"오빠가 나한테 해준 게 없다!"?

이쪽에서만이 아니다.

저쪽에서도 그러고 있다?

이 세대가 이러면서 지금 죽을 쑤고 있다는 말이다.

5 _

"그냥, 참어!", "니가 져 줘!", "져주면 속 편해!"
그런 '딱한 짓' 하라는 거 아니다.
남 행복하게 해 주느라 고생 고생하다가 그냥 찌그러지라?
남 좋은 일 다 해주고 너는 '폭망'하라는 것 아니다.
그런 것 아니라는 말이다.
대가 치러 만들어준 그 사람의 행복을 내 행복으로
연결시키라는 말이다.
내 행복, 네 행복을 딴 그림으로 그리지 말라는 거.
네 행복, 내 행복을 한 데 넣어 '큰 그림 행복'을 그리라는 거다.

6 _

'대가를 치러 그 사람을 먼저 행복하게 만들어 준 다음에
그것으로 그 사람이 행복해 하는 것을 보고 내가 행복해 하는 행복'?
나는 이것을 '행복의 황금률(golden rule)'이라 부른다.
'행복의 황금률'!

"내가 대가를 치러"!
그것이 내게 너무 낯설다?
서툴다?
그러면 연습해야 하는 거다.

연습 정도로 안 된다?
그러면 훈련을 해서라도 해야 하는 거다.

기억해야 하는 것이 있다.
"행복은 대가를 치르지 않는 자에게 결코 자기를 내어 주지 않는다."는
사실!
"네가 나한테 해준 게 뭔데?"가 되면 안 된다는 거다.
'대가 치르기'를 '생고생'이라 말하는 것은 '아니'어야 한다는 말이다.

우리가 보자는 차축적인 결혼의 행복?
'행복의 황금률'을 부여잡고 만들어내야 하는 행복이다.
대가를 치러 생산해내야 하는 행복이다.

7 _

포스트 모던의 '자기 행복 추구'는 이기적이고 배타적이다?
그렇지 않다는 말이다.
'행복 추구 정신'이 문제가 아니라 '추구 방식의 차질'이 문제라는 거다.
방식의 전환이 코페르니쿠스 혁명 수준으로 있어야 한다는 거다.

'먼저 대가 치르기'의 방식!
그 성숙한 방식으로라야 이르게 되는 것이 '결혼의 행복'이라는 거다.
우리가 말하는 '차축 행복'이 그렇다는 말이다.

'로망' 너머의,
완성된 행복!

1 _

성숙된 행복?

충분히 환상적이다.

그 정도면 대단한 한 거다.

그러나 여기에서 봐야 할 것이 더 있다.

'대가 치르기'의 지속성 문제에 있어서의 차질이다.

"매에 장사 없다!"?

너무 큰 매?

그렇게 크지는 않더라도 너무 자주 맞는 매?

감당하기가 어렵다는 말이다.

"매"?

여기서는 '대가 치르기'다.

'대가 치르기'가 너무 가혹하다?
너무 빈번하다?
'대가 치르기'에 차질이 일어날 수 있다는 거다.
한 마디로, "더는 못하겠다!"는 거.

2 _

밥, 설거지, 빨래, 청소, 상추 씻기?
그런 게 '대가 치르기'의 전부라면 차라리 애교다.
그 정도 대가로 꽁이가 행복하고 내가 행복하다?
얼마든지 갈 수 있다.

문제는 만만찮은 것들의 출현이다.

이건 '매'가 아니다?
몽둥이다.
강도(strength)와 빈도(frequency)가 심해도 너무 심한 거.
'대가 치르기'를 할 '기' 자체를 아주 꺾어 놓는 거다.
삼 단계 종결판이다.
"일, 대가를 치러서 가는 행복이 좋은 줄은 잘 알겠다!"
"이, 그러나 이 이상은 감당이 안 된다!"

"삼, 그래서 나는 여기서 이 행복 깔끔히 포기!"

성숙한 방식으로 '그' 행복에 이르기는 했다.
그러나 힘이 너무 들어서 더 이상 지속할 수 없는 행복?
종말이 빤히 보이는 행복?
성숙한 것이기는 하나 완성되지는 못한 행복이라는 말이다.

끝이 보이는 행복!
종말이 있는 행복!!
그런 것 아니어야 하는 거다.
아닐 수 있어서 아닌 것이 아니다.
아니어야 하기 때문에 아닌 것으로 만들어야 하는 거다.

'매'의 강도와 빈도를 극복하는 행복.
완성도가 더 높아야 하는 행복.
이름하여 '완성된 방식', '완성된 행복'이어야 한다는 거다.

3 _

완성된 방식?
'제삼의 것'에서 새 힘을 얻어 답을 내는 방식이다.
멈출 뻔했던 행복을 '그것'으로 멈추지 않도록 하는 방식이다.
'제삼의 것'?

이런 이야기다.

"엄마 아빠가 해피 하니깐 우리가 너무 좋아!"

그냥 하는 이야기?
아니다.
우리가 그냥 치나칠 이야기 아니다.
아이들이 나름대로 본 것이 있고 들은 것이 있어 하는 이야기다.
아이들이 하는 '말'이 아니다.
그 말을 하는 마음, 그 마음의 소원을 보자는 말이다.

'제삼의 것'?
멀리 있는 이야기 아니다.
사랑하는 우리 아이들이 그 예이다.
걔들의 얼굴, 걔들의 소리!

우리 둘에게 "끝"이면 그만 둬도 되는 거?
지금 이야기 하는 것은 그 "우리 둘에게만"이라는 것이
아니라는 말이다.
우리 아이들의 얼굴, 마음, 소원이라는 '제삼의 것'을
생각해야 한다는 이야기다.
'제일'과 '제이'가 무너진다?
그 때 이 '제삼의 것'을 생각하면서 다시 일어서는 것

돼야 한다는 거다.

4 _

"사랑한다는 것은 그 사람이 해 주기 바라는 것을 해 주는 것."이라고
한다.
우리가 우리 아이들을 사랑한다?
우리 아이들이 우리가 해주기 바라는 것을 해주는 거라는 말이다.
그렇게 하는 것이 아이들에게 하는 우리의 사랑이다.
'그것'을 해야 하는 거라는 거다.

"우리 애들도 다 이해 하더라구요!"?
아이들의 '말'은 그럴 수 있다.
그러나 지금 그 말?
'그' 말은 '그' 말 아닐 수 있다는 말이다.
지금 들은 그 말?
'그' 말이 아닐지 모른다는 말이다.
'지금 그 말'이 아니라 '진짜의 말', '마음의 말', '훗날의 말'을
들을 수 있어야 한다는 거다.

너무 힘 들 수 있다.
그러나 이 '제삼의 것'의 작동이 꼭 있어줘야 한다.
그래서 그것으로 일어나 다시 서야 한다는 거다.

5 _

기어이 완성된 행복으로 가자는 거다.

'완성된 방식', '완성된 행복'?
'대가를 치러 상대를 먼저 행복하게 만들어 준 다음,
그것으로 내가 행복해 하는 것을 제 삼자가 보고 좋아할 것을
생각하며, 대가 치르기를 계속해 만들어가는 방식의 행복'이다.

차축성을 가진 결혼의 행복?
내 실력, 우리 실력이 그치면 거기서 그냥 끝나는 그런 행복 아니다.
넘어지면 일어나고 또 넘어지면 다시 일어나서 완성시켜 가야하는
행복이라는 말이다.

아이들만이 '제삼의 것'이 아니다.
우리 곁에 있는 "구름 같이 허다한" '제삼의 것들'이 있다.
그 '제삼의 것들'의 마음을 받고 응원을 받으며 이루어 가는
로망 너머의 행복!
그것이 차축 행복, 완성된 행복, 우리 결혼의 행복이다.

'대가 치르기'의 뜻

1_

"스님, 남편이 말을 안 들어요!"
"뭐 할라꼬 말 들어 주기를 바래요?
'그냥 말 안 듣는 동물이다' 생각하고 포기하세요.
말 안 듣는 게 그 동물 하나예요?"

우리가 말한 결혼의 행복?
그렇게 포기 같은 것으로 가는 것 아니라 했다.
"우리 엄마, 완전 포기는 아닌 것 같아요."
"그러면?"
"반은 포기, 반은 이해인 것 같아요!"
"그 이해라는 것도 포기해버린 이해일 수 있어!"

우리가 말하는 차축 행복?

반은 접고 반은 줄이며 그렇게 기죽어 가자는 것 아니다.

"역공", 공격적이라는 거다.

행복의 최고점을 바라보며 기대치를 키우는 방식으로 가자는 거다.

2 _

'결혼의 행복'은 커피 향에서 나오는 감상 같은 것 아니라 했다.

길 가다 동전 줍듯이 줍는 것도 아니라는 말이다.

행운?

무슨 '운(fortune)' 같은 거 아니라는 말이다.

'행운'과도 전혀 다른 '행복'이다.

이 행복은 오더라도 그리 쉽게 오는 것 아니다.

고속 전철 타고 직통으로 오는 그런 쉬운 행복 아니다.

힘을 얼마나 들여야 올지 모르는 값 비싸고 어려운 행복이다.

"그 행복 얻느라 엄청 힘들었어요!"^^

3 _

사실 이 행복?

엄밀한 의미에서 오는 것이 아니다.

오게 해야 하는 거다.

'오게 한다'?

그렇게 하려니까 '대가 치르기' 이야기가 나오는 거다.

대가를 치러 오게 하는 행복!

'대가 치르기'?

'대가 치르기'의 실체는 애쓰는 거다.

수고 하는 거다.

몸으로 마음으로 고생 하는 거다.

노동, 중노동하는 거다.

옛적 할머니들이 시집가기 전에 흔히 듣던 이야기란다.

"처음 삼년간 안 본 걸로 하기".

"다음 삼년간 안 들은 걸로 하기".

"그 다음 삼년간 말 못 하는 걸로 하기".

그것이 자의가 아니라 타의였던 부분이 못내 아쉽다.

그래서 그것은 '살이'가 된 거다, '시집살이'!

그러나 내용상으로는 사실 그게 여기서 말하는 '대가 치르기'다.

4 _

여기에 우리의 이의 제기와 저항이 있을 수 있다.

몸으로 마음으로 고생을 한다!

중노동을 한다!

"아니, 그 자체가 이미 불행 아닌가요?"
"그게 이미 '노예 살이' 아니던가요?"

고생 맞다.
중노동 맞다.
그런데 그것이 꼭 '불행'이고 '노예 살이'일 것은 없다.
그것이 행복으로 가는 절차로 생각될 수 있기에 하는 말이다.
행복에 이르기 위한 하나의 필요 과정으로써의 '대가 치르기'!

5 _

이제 우리가 하자는 것은 이거다.
우리의 값진 고생, 숭고한 그 노동을 불행이라 하지 말자는 거다.
'노예 살이'?
이제 그렇게 부르지 말자는 거다.
대신 '대가 치르기'라 부르자는 거다.
성숙된 행복, 그래서 완성된 행복으로 가는 '대가 치르기'로.
'힘 드는 것'은 맞지만 그것을 '짐 지는 것'으로 생각하지는
말자는 거다.

"이 중노동이 내 행복을 한없이 긁어 대기만 한다!"?
"이것이 내 행복의 가능성을 아예 갉아 없앤다!"?
그래서 "이것은 내게 분(憤)이 되고 한(恨)이 되고 원(怨)이
될 뿐이다!"?
그 생각으로만 간다면 그것은 '노예 살이' 맞다.
그렇게 생각할 수밖에 없다면 그것은 '노예 짓' 한 거 맞다는 말이다.

다르게 생각하자는 거다.
적극적으로 내가 선택하여 하는 '대가 치르기'로!
백번을 더 그렇게 생각하자는 거다.
그렇게 연습하자는 거다.

"내가 하는 이 '대가 치르기'로 그 사람이 행복하다!
나의 대가 치르기로 행복하게 된 그 사람의 행복이
이제는 내 행복이 된다!
대가 치르기를 통하여 그를 내 행복에 참여케 하였다!"
그렇게 생각하는 생각으로 가자는 거다.
'노예 살이'의 막장 아닌 거다.
행복 추구의 '명기(名器)'가 되는 거다.

7

포스트 모던의 시대정신?

'자기 행복'이 우리에게 무엇인지를 아주 제대로 보여 준 거다.

그 당연한 행복을 제대로 촉구해 준 거다.

행복 없었던 날들?

산 날 아니니까 말이다.

지나가 버린 날, 흘려 버린 날, 잃어버린 날,

그렇게 다 '버린' 날이니까!

행복을 위한 '대가 치르기'?

'노예 짓' 아니다.

'행복 찬스'다.

완성된 결혼의 행복에 이르게 하는 이 '대가 치르기'?

그 대가 치르기를 잘 봐야 한다는 이야기다.

'대가 치르기'는 이제 이야기할 '사랑'의 이름에 다름 아니다.

결혼이 사랑에게 말을 하다

사랑의
로고스

"사랑은 단수, 하나가 아니라 복수, '사랑들'이 맞다."

"아니야, 그건 사랑'한' 게 아니고, 사랑'된' 거였어!"

"사랑이란 '존재의 결함을 채워줘 자기가 자기되도록 지원해 주어
결국은 자기됨을 누리게 해 주는 것'이다."

"결혼에 들어서면 '정'은 속히 '애'를 거쳐 '온'으로 바뀌어야 한다."

"'영원한' 사랑이란 없다. 다만 '영원히 해야 할' 사랑이 있을 뿐이다."

'사랑 고르기'의
이유

1_

"결혼이 사랑에게 말을 하다."라고 했다.
사실은 "결혼이 사랑'들'에게 말을 하다."라고 하는 것 더 맞다.

사랑'들'?
맞다.
사랑은 하나, 단수가 아니어서 하는 말이다.
복수, '들'이 맞다.

여기에서 나는 "사랑은 '들'"이라는 것에 대해 이야기를 하려 한다.
그래서 사랑들을 구별하려 한다.
골라낼 것은 골라내고 취할 것은 취하기 위해서다.

2 _

"겨수님, 동성애 어떻게 생각하세여?"

"동성애"?

"예, 동성애여!"

"애?"

"예?"

"니가 말하는 그 '애'가 뭐니?"

"예?"

"그 '애'가 뭐냐구?"

"그, 사랑이잖아여."

"그러니깐, 그 사랑이 어떤 사랑이냐구?"

"어떤 사랑은 무슨 어떤 사랑여, 그냥 사랑여!"

"사랑이면 사랑이지 이런저런 사랑이 뭐 따로 있는 것 아니다!"?

이게 세상을 매우 헷갈리게 하고 있는 거다.

세상을?

당장 우리 결혼부터 말이다.

3 _

"우리 사랑해서 결혼 했어요!"?

맞다.

지들이 사랑해서 결혼했단다.

그러니까 틀린 것 없다.

사랑한 것 맞고, 그래서 결혼한 것 맞으니까.

"이제 사랑 안 하니까 끝내기로 했어요!"?

그것도 뭐 그리 틀린 것 아니다.

지금 사랑 안하는 것 맞으니까.

그래서 끝낸다고 하고 있으니까.

사랑 안하는 것 알겠고 결혼 끝내려는 것 확인이 된다는 말이다.

그런데 여기서부터는 아니다.

아니, 틀리다.

"사랑 안하니까 끝내는 것, 맞죠!"

"맞죠!"?

여기서부터는 틀린 거라는 말이다.

그게 안 틀리고 맞다?

그러면 세상에 남아날 결혼 하나도 없는 거다.

'그런' 사랑으로 결혼했다가 '그런' 사랑으로 끝내는 결혼이 맞다?

그런 게 진짜 결혼, 진짜 사랑이다?

아니다.

삽질인 거다.

4

"아니, 네가 말하는 사랑이 어떤 사랑이냐구?"

"사랑", 영어로 "love"!
"I love '음메~' 엄마 찾는 예쁜 송아지."?
"I love LA 갈비, 소고기."?
이것 저것이 다 같은 한 'love'고, 한 '사랑'이다.

이른바 "사랑은 하나"라는 신화!
허구.
집단 허구의 의식.
인문학이 사랑을 이야기하기 시작하면부터 시작된 신화,
거짓말이다.
그 거짓말 땜에 사랑에 대해서 우리 인류가 계속 꼬여 오고
있는 거다.

"사랑한 게 죄는 아니잖아!"?
그 대목에서 '지선우'는 '이태오'의 뺨을 한 대 갈겼어야 했다.
그런데 속상하게도 지선우의 공격은 없었다.
"그런 사랑은 남자들만 하는 게 아니야!"?

이걸 우째!

얼마 후 지선우도 '사랑은 하나'라는 걸 보여 주는 거!

"그딴 게 사랑이야!"로 나갔어야 했다.

그런데 지선우도 "사랑은 다 같은 하나", 그 신화에 빠져 있었던 거!?

소한테도 '사랑'이고 소고기한테도 '사랑'이다.

불륜한테도 '사랑'이고 '안 불륜(?)'한테도 '사랑'이다.

사랑?

"그것은 하나! 현상은 다양할지 몰라도 최소한 그 뿌리는 하나!"?

신화를 넘어 미신이다.

서양 언어로 '사랑의 담론'이 주도되는 '언어 사대주의'의 폐해다.

기껏 해야 하나, 둘.

영어로는 그냥 'love' 하나로 애쓰고 있는 거다.

그 사랑이라는 단어 하나, 그것을 또 "제일"이라 해놓고

이리 꼬인다는 거다.

6 _

"사랑하니까 결혼 한 거죠!"?

"굿!"이다.

"사랑 안 하니까 끝내는 거 거죠!"?

거기서는 "음~"이다.

"그러니까 깨는 것 맞죠?"

거기서는 생각하자는 거다.

그렇게 되면 남아날 결혼이 어디 하나 있을지를.

'사랑 고르기'를 안하면 사랑이 결혼을 삽질되게 한다는 말이다.

7 _

"여하튼 다 고귀한 사랑 아니어요?"

"다"? "고귀한 사랑"?

여기서 완전히 헝클어지는 거다.

사랑은 구별해서 이야기해야 한다.

그래서 골라낼 것은 내고 취할 것을 취해야 한다.

다음은 '정(情)', '애(愛)', '온(溫)', 세 종류의 사랑 이야기다.

'사랑 고르기'가 잘 돼야 '대가 치르기'가 무슨 말이었는지

더 잘 알 수 있다.

다음에 할 '결혼 이야기'도 더 잘 알 수 있게 된다.

'정(情)'으로써의
사랑

1 _

"아니야, 너는 사랑'한' 것이 아니야!"
"아니어요, 사랑'했'어요. 정말 사랑'했'다니깐요!"
"아니야, 너는 사랑'한' 게 아니고, 사랑'된' 거였어!"
"엥?"

우선 최소한 이 두 종류의 사랑은 구별해야 한다.
'되는' 사랑, 그리고 '하는' 사랑.

'되는 사랑'?
힘 하나도 안 드려도 그냥 막 되어지는 사랑이다.
그러다가 때가 되면 그냥 막 안 되는 사랑.

가치고 뭐고 그런 것 말할 것 없는 그저 그런 사랑이다.

'하는 사랑'?

힘을 들여서 '해야 하는' 사랑이다.

노동, 아니 그것이 중노동이 되더라도 해야 하는 사랑.

붕괴되는 모든 존재들을 살려 일으키는 덕목으로써의 사랑이다

2 _

'되는' 사랑?

'정', 여기에서는 "'정'으로써의 사랑"이라 부른다.

꼭 '애(愛)'자를 넣겠다면 '애정(愛情)'이라고 해도 된다.

'낭만적인 사랑'이라고 할 때 말하는 사랑이다.

우리가 '사랑'에 대해서 이야기할 때 말하는 사랑이

거의 다 이 사랑이다.

허다히 말하는 '연애 감정'.

'사랑의 로고스'에서는 '연애'와 '감'빼고 그냥 '정'이라고 부른다.

3 _

심리학에서는 "독립된 개체간의 합일 감정"이라고들 말한다.

꼭 '감정'으로만 이야기할 것은 아니다.

합일 현상, 합일 상태, 그러니 일종의 현상이나 상태라 할 수도 있다.

오빠가 아프면 내가 아프다, 아니 내가 더 아프다.

오빠가 좋아하면 내가 더 좋고 내가 좋아하면 오빠가 더 좋아한다.

정신은 합일 상태인데 밤이 되어 떨어져 있어야 한다?

뇌가 견딜 수 없는 거다.

그것이 '그리움'이다.

육체도 합일 상태이어야 한다.

자꾸 달라붙어 있으려 하는 거.

그게 '스킨십'이다.

4 _

'정'의 발현은 "홀림(infatuation)"에 의한 거라 한다.

홀리는 순간, 일단 "핑크 렌즈 영향권" 안으로 들어간다.

핑크 렌즈?

우리말로는 '콩깍지'다.

세상이 제대로 보이지가 않게 되는 거다.

보이는 것만?

아니, 판단이라는 것이 제대로 안 되는 거다.

"네 남자 친구, 너무 거칠어!"

"아니야! 상남자라서 그런 거야!"

"네 여자 친구, 돈을 너무 마구 써!"

"아니야! 걔 손이 큰 거야!"다.
"네 친구, 너무 쪼잔해!"
"아니야, 아주 섬세한 거야!"이다.

판단 오류에 근거한 과대 평가는 하염없다.
뭐가 그리 또 고마운지.
또 뭐가 그리 미안 한지.
얼굴 부비부비(?) 사진들 '페'에 올려 온 세상에 전파한다.
"이 아름다운 우리 사랑은 온 우주가 다 알아야 해!"

그 사랑이 끝나는 순간, 그게 얼마나 '안 해도 되는 짓'이었는지
댐방 안다.
"우리는 절대로 헤어지지 않아요!"
"걔 없으면 못 살아요!"도 일상이다.

5_

자기가 하려고 해서 '하는' 게 아니다.
홀리면서 그냥 빨려 들어가 그렇게 되는 거다.
'정'이라고 하는 사랑은 그렇게 그냥 '되는' 거다.

특히 남자들의 경우, 상대에 대한 신비감, 신체적인 신비감!
그것이 이 '정'이라는 불에 기름을 부어 댄다.

멘탈의 무장 해제 되는 거!

별의 별 약속을 다 하고 별의 별 희생을 다 바친다.
정확하게 말하면 그렇게 '하는' 게 아니라 그렇게 '되는' 거다.
주체적인 정신이나 의도로 실행하는 것이 아니라는 말이다.
브레이크 없이 그냥 그리 되는 거!
'자기 없이' 그냥 그렇게 되는 거라는 말이다.

이게 또 그만 두고 싶을 때 자의로 그만 두어지는 게 아니다.
그만 되게 되면 그냥 그만 되는 거다.

정이 떨어진다?
그러면 그 사랑이 그냥 안 되는 거다.
"교수님, 도와주세요!"
그게 이쪽에서 도와주고 뭐고 할 수 있는 게 아니다.
그쪽에서도 자기가 그렇게 안 하려고 해서 안 그러는 거
아니니까 말이다.

그래서 말하는 거다.
'정'으로써의 사랑?
"사랑해!" 아니고 "사랑돼!"로 해야 맞다는 거.
"너는 사랑'했'던 게 아니고 사랑 '됐'던 거야!"

6 _

'정'이 소멸된다?

소위 "정이 떨어진다."?

남자들의 경우는 상대에 대한 신비감 소멸, 여자들의 경우에는
일련의 배신감으로.

이 신비감과 배신감 작용으로 '정'은 순식간에 종료된다.

이 '정'은 한 번 소멸되면 다시 복구되지 않는다.

'정'이 소멸 되었는데도 계속 만나야 할 노릇이다?

그게 '권태'다.

7 _

흔히 우리가 사랑이라고 말하는 이 낭만적인 사랑, '정'!

그것은 '정'이라는 이름으로 제한해야 한다.

이 '정'을 이제 이야기 할 '애'나 '온'과 함께 섞어 같은 값으로
부르면 안 된다.

"사랑은 모두 다 고귀한 것" 그러고 있다?

그러면 사랑이 삽질되고 결혼이 헝클어지게 되기 때문이다.

'애(愛)'로써의 사랑

1

낭만적인 사랑, 그냥 막 되는 사랑,
그러다가 그냥 그만 되는 사랑!
그 '정'으로써의 사랑은 우리가 이야기한 '대가 치르기'와
전혀 관계없는 사랑이다.
'정'으로써의 사랑, 그 사랑으로 행복으로 가고 결혼으로 간다?
"삽질 된다"는 게 그거다.

'정'?
불 붙으면 산불보다 더 산불이다.
꺼진다?
그러면 발화점의 흔적도 안 남기고 사라진다.

이 감'정'에 우리 행복을 걸고 우리 결혼을 매단다?
매달려 남아있을 것 하나 없게 된다는 말이다.

결혼 사랑?
그것은 다른 사랑이어야 한다.
다른 사랑?
그것이 바로 '애', '애'로써의 사랑이다.

'애'로써의 사랑?
"존재의 결함을 채워 '자기'를 '자기'되도록 지원해 주는 것"이다.
그래서 결과적으로 자기의 '자기됨'을 누리게 해 주는 거.

어떤 존재가 자기 결함으로 인하여 무너져 내리고 있다.
그 때 그 존재를 보듬어 주는 거다.
결함을 채워 주는 거다.
그래서 무너져 내려가는 '자기됨'을 회복하도록 도와주는 거다.

그냥 그렇게 '되는', 아니 그렇게 '되어지는' 사랑 아니다.
그렇게 '하는' 사랑이다.
'하는', 아니 '해야 하는' 사랑이다.

3 _

'되는' 사랑과 '하는' 사랑의 차이는 분명하다.
'정'은 정떨어지면 그냥 거기서 끝나는 거다.

남편 돈벌이가 영 시원치 않다.
하는 사업마다 말아먹더라는 거.
정이 떨어지더라는 거다.
사랑이 안 되더라는 거다.
'정'은 거기서 끝인 거다.
결혼이 그 '사랑'으로였다?
그 결혼은 헛물켰던 거다.

4 _

'애'로서의 사랑?
'정'과는 다르다.

결함이 있어, 그게 보인다?
'애'로써의 사랑은 그 때 시작되는 거다.
'되는', 아니 시작'하는' 거.
아니, 더 정확하게 말하면 시작 '해야 하는' 거다.
"아니, 당신 왜 그렇게 기죽어!

돈을 평생 계속해서 잘 버는 사람이 어디 있어!
지금 상황이 이래서 너나없이 다 이러고 있는 거잖아!
당신만 그런 거 아니잖아!
이럴 때는 오히려 여자가 할 일이 더 많을 수도 있잖아!
지금은 내가 좀 더 뛰면 되는 거잖아!
당신한테는 때가 또 올 거잖아!
당신이 지금까지 한 게 얼만데!"

그렇게 남편을 보듬어 주는 거다.
지금의 결손을 채워주는 거다.
사업을 연이어 말아먹어서 정이 떨어진다?
그런 '정'과는 완전 다른 거다.
'애'는 '정'이 소멸되는 그 지점, 거기서 되레 시작하는 거다.
그런 것이 '애'라고 하는 사랑이라는 말이다.

이런 '애'를 그 '정'과 같은 값으로 쳐 '하나'라 한다?
신화라는 말이다.
허구, 거짓말이라는 말이다.

5 _

"왜 이혼했어요?"
"아시잖아요. 계속 사업 말아먹고..."

그 판국에 사랑이 되느냐는 거다.

그 판국의 '사랑'?

그 판국에 안 되는 그 사랑이 '정'이라는 사랑이다.

'대가 치르기'가 필요한 시점에 '그 판국의 사랑, 정'이 나댄다?

결혼이 망가진다는 거다.

그래서 결혼이 '정'에게 말을 하는 거다, "너, 좀 빠져줄래?"

보듬어 주고 채워주는 사랑.

결손이 '있음에도 불구하고', 아니 결손이 '있으니까' 하는 사랑.

그래서 '자기'를 놓을 뻔했던 남편에게 '자기'를 있게 해주는 사랑.

더하여 '남편의 자기됨'을 누리게 해주는 사랑.

세상을 '문제와 함께, 그러나 문제없이' 가게 해주는 사랑.

그것이 '애'로써의 사랑이다.

6 _

'부부 회복 세미나'의 한 저녁.

한 부부가 소리도 내지 못한 채 흑흑 거리더라는 거다

남편, "여보, 그동안 미안했어!"

그 때 하염없이 울며 아내가 하더라는 말이다.

"내가, 이 말 한마디 들으려고, 사십 오년을, 사십 오년을!"

"결혼 후 사십 오년 동안 남자로 지을 죄는 다 짓더라고요!"

"사십 오년 동안을"? "남자로 지을 죄를"? "다?"

남편의 그 '모든 결손'을 보듬었다는 거다.

윤리적인, 법적인 잣대를 들이대면 어림없는 거.

그런데 그게 아니었던 거다.

"아, 이 사람 아프구나! 이 사람 이게 안 되는 구나!"

그렇게 생각하며 보듬고 또 보듬었다는 거다.

그래서 일으키고 세웠다는 거다.

7 _

'정'같은 것을 이 '애' 함께 뒤섞어 "'다같은, 고귀한" 운운하는 거?

넌센스라는 말이다.

'애'는 '정'과 현상에서만 아니라 그 근본이 다른 사랑이라는 말이다.

노동, 중노동의 사랑, '대가 치르기'를 있게 하는 사랑이라는 거다

그래서 결혼이 '애'에게 말을 하는 거다, "너, 좀 나와 줘!"

'온(溫)'으로써의
사랑

1 _

"저 할아버지, 할머니는 참 신기하지?
어떻게 저 나이까지 저렇게 사랑 할 수 있지?"

자기들은 몇 년, 아니 몇 달도 안 되었다.
그런데도 사랑이 한참 식은 거.
그러니까 부럽다는 거다.
아니, 신기하기까지 하다는 거.

지금 '정'을 가지고 하는 이야기다.
할아버지, 할머니에게 '정'이 그렇게 길게 온 줄 아는 거다.
'정'이 그렇게 길게?

아니다.

할아버지, 할머니도 그런 사랑, '정'은 식었다.

그거 아주 오래전의 일이라는 말이다.

"정 떨어질 일"?

수도 없었을 거라는 거다.

한 번 소멸하면 다시는 복구되지 않는 사랑, 그 '정'!

"아니 지금 저렇게 사랑하고 계시잖아요?"

할아버지, 할머니의 저 사랑?

'정'하고는 다른 사랑이다.

'애'와도 다른 사랑이다.

'정'도 '애'도 아니다.

그러면?

지금 이 할아버지, 할머니 사랑은 '온(溫)'이라는 사랑이다.

2 _

온, '온'으로써의 사랑?

흔히 '온정'이라고 말하는 사랑이다.

말 그대로 따뜻한 감정이다.

감정이라는 점에서 이것 역시 '정'의 일종이다.

그러나 홀림에 의해 되어져서 하는 '정'과는 전혀 다른 '정'이다.

온정, '온'?
'받은 사랑을 감사한 마음으로 기억할 때 일어나는
따뜻한 보은의 감정'이다.
"받은 사랑을 감사한 마음으로 기억"?
발현이 그렇고 내용이 그렇다는 거다.

언젠가 상대로부터 받은 사랑이 있다.
"아, 고맙다, 나도 사랑해 주야지!"
"나도 보듬어 주야지!"
"나도 채워 주야지!"
받았던 사랑, '그것'을 기억하니까 고마운 생각이 드는 거다.
그래서 보은의 마음이 일어난다는 거다.

이 '온'의 핵심?
'상대에게서 받은 사랑을 감사한 마음으로 기억하여 그 사랑에 보은
하려는 부분'이다.
그래서 생기는 '따뜻한+느낌', '온정(溫精)', '온'이다.

3 _

결혼을 했다.

남편이 돈을 제대로 벌어 오지 못하더라는 거.

사업은 계속 망치더라는 거.

'정'이 떨어지더라는.

소위 그런(?) 사랑이 더는 안 되더라는 거.

그 다음?

깨는 거!

남편도, 결혼도, 가정도 다 무너지고 붕괴되고
해체되는 거였다는 거다.

자기됨도 잃게 됐더라는 거.

상황은 같았다는 거.

남편이 그랬다는 거다.

그 정도가 만만찮았다는 거.

그런데 여기서부터 '차이'가 있었다는 거.

'그래서'가 아니었단다.

오히려 '그러니까'였다는 거다.

'그러니까' 아내가 남편을 보듬고 채웠더란다.

남편은 그게 고마웠다는 거다.

"사랑의 빚"이 느껴졌던 거라는 말이다.

남편 마음 깊은 데서 "나도 잘 해 줘야지." 하는 마음이 일어나더라는 거다.
그렇게 일어난 따뜻 마음?
그것이 '온'으로써의 사랑이라는 말이다.

4 _

결함을 물고 늘어졌다?
남아 날 가정은 하나도 없을 거라는 말이다.
'애'로 보듬었다?
그것이 '옛말 하며 사는 날' 있게 했다는 거다.
사십 오년 만에 "여보 미안했어!"를 있게 한 거라는 말이다.

부셔져 마땅했던 남편이, 가정이 '있게' 되더라는 거다.
붕괴되고 해체될 것들이 '유지 보존'이라는 창조 질서에
편입되더라는 거다.
'애'라는 사랑의 뿌리에 '온'이라는 사랑의 꽃이 피어나더라는
말이다.

5 _

"사랑하니까 결혼 했어요!"?
말이 틀리는 것이 아니라 했다.
"사랑만큼 소중한 것이 없잖아요?"

역시 맞는 말이라 했다.

그런데 "사랑이 없어져서 그만 뒀어요. 맞죠"?

그것부터는 아니라 했다.

결혼에서 말하는 사랑, 결혼이 말해야 하는 사랑?

그것은 '정' 같은 사랑을 가지고 하는 말이 아니어야 한다는 말이다.

"사랑은 다 같은 사랑 아니어요?"?

"사랑은 다 고귀하잖아요?"?

그런 것 아니라는 거다.

'정'을 '애'나 '온'과 같은 사랑으로 생각하면 안 된다는 거다.

사랑이 안 되니까 결혼이 계속되기 어렵다?

가능하다는 말이다.

그런데 거기서 말하는 사랑은 '애'와 '온'이어야 한다는 말이다.

'정' 가지고 그런 말을 해서는 안 된다는 말이다.

"어떻게 아직도 저렇게 사랑하지요?"

'정'으로는 어림도 없는 거라는 말이다.

우리의 사랑이 '정'으로 시작되었다?

그렇다면 속히 그 '정'은 '애'를 거쳐 '온'으로

바뀌어야 한다는 말이다.

'사랑 고르기'의
의미

1_

문제는 사랑이 '있고 없고'가 아니라는 말이다.
그 있는 사랑이 "'어떤' 사랑인가?"가 문제라는 말이다.
행복을 말하고 결혼을 말할 때는 더욱 그래야 해서 하는 말이다.

최소한 '정'과 '애', 이 둘은 구별해야 한다는 거였다.
"독립된 개체간의 합일 감정"으로써의, '정'.
"존재의 결함을 채워 '자기'를 '자기' 되도록 지원하는 것"으로써의 '애'.

결혼을 이야기할 때 '정'을 가지고 이야기 한다?
'아니'라 했다.
자동적으로 소멸하게 되어 있는 '정'.

그 '정'의 '있고 없음'으로 우리 결혼의 '있고 없음'이 결정된다?
그것은 '아니'라는 말이다.
결혼을 말할 때 그런 사랑은 골라내야 한다는 거다.

2 _

"'대가 치르기'는 사랑의 이름에 다름 아니"라 했다.
수고와 노동, 중노동이 깃든 사랑!

'대가 치르기'가 없는 행복?
사랑 없는 행복이라는 말이다.
'애'의 노동, 중노동이 없는 행복?
그것은 가능하지도, 있을 수도 없는 거라는 말이다.

3 _

그래서 우리의 관심은 언제나 이 '애'로써의 사랑인 거다.
'노동', '중노동'하는 사랑.
'보듬고 채워 존재를 존재되게 하고 그 존재의 자기됨을
누리게 해주는 사랑'.
존재의 붕괴와 해체를 막아내는 덕목으로써의 사랑.
이 '애'가 들어가면 결혼만 살아나고 가정만 살아나는 것이 아니다.
회사가 살아나고 나라가 살아난다.

자연 환경이 살아나고 세계가 살아나고, 우주가 살아난다.
온 우주가 다 살아 '자기'를 누린다는 말이다.
우리가 행복을 말하고 결혼을 말할 때는 '그 사랑'으로
말을 해야 한다는 거다.

4 _

우리는 그 사랑을 '세상의 제일'이라 불러왔다.
그리고 '영원하다!'고 노래했다.
"'영원하다."?
더 정확하게 하려면 그 말은 "영원하게 해야 한다."로 해야 한다.

사실 "영원한 사랑"이란 없다.
핑크 렌즈를 쓰고 있을 때나 하는 말이다.
'그냥' 영원히 있어 줄 사랑은 없다는 말이다.
있다면 그것은 "영원히 해야할" 사랑이 있을 뿐이다.

영원하지도 영월할 수도 없는 사랑을 우리 '사랑' 삼는다?
행복도, 결혼도 엉망된다는 거다.

5 _

"사랑은 모든 것의 '답'"이라는 말은 맞는 말이다.

그러나 그것은 그 사랑이 '애'를 두고 말하는 것일 때만 맞는 말이다.

우리는 '그' 사랑을 골라 취해야 한다.

그 사랑은 행복에 충분한 답이 되기 때문이다.

결혼의 행복에도 넉넉한 답이 되기 때문이다.

그런데 '그' 사랑이 나서면 행복이 헝클어진다?

결혼들이 다 무너져 내린다?

그러면 잘 봐야 한다는 말이다.

진짜 사랑이 아닌 가짜 사랑이 나대고 있는 거라는 말이다.

우리에게 아무런 대답이 안 되는 사랑.

그냥 되는 사랑.

그러다가 그냥 종적도 없이 사라지고 마는 사랑.

사랑 아닌 '그런' 사랑을 정답인 '그' 사랑과 함께 뒤섞으면

안 된다는 말이다.

6 _

"오르지 못할 것이 올라 있다!"?

"임박한 재앙의 징조"라 했다.

'제일'의 자리에 올라서는 안 될 것이 '제일'의 자리에 오른 거.

'정답'의 자리에 올라서는 안 될 것이 '정답'의 자리에 오른 거.

그것이 우리 행복과 우리 결혼에 재앙적인 차질을 일으켰다는 거다.

우리가 수천 년을 그러고 있었다는 거다.

7 _

"알콩달콩 사랑을!"?
"사랑하니까 결혼했다"?

이제는 '사랑에 대한 말'이 달라져야 한다.
사랑에 대하여 새로운 말들이 나와야 한다는 말이다.

"우리 사랑해요!"?
"사랑하니까 결혼한다."?
그게 아니라는 말이다.
낭만적인 사랑 이야기는 더 이상 '아니'라는 말이다.

"'사랑하려고' 결혼한다!"
이제는 그렇게 돼야 한다는 말이다.
"'사랑하니까'가 아니라 '사랑하려고' 하는 결혼"!

8 _

"네가 나한테 해 준 게 뭐야?"
그런 것 아니라는 말이다.

내가 대가를 치러 주는 사랑을 골라 그 사랑으로 사랑을
이야기해야 한다는 말이다.
중노동의 수고로 사랑하는 그 사랑의 이야기여야 한다는 말이다.
그 사랑이 만들어 내는 '행복의 이야기'여야 한다는 거다.

"사십 오년 동안!"
"남자로써 지을 죄는!"
"다 지었어요!"
거기에다 대고 중노동의 사랑을 대가로 치러 만드는
그런 행복의 이야기여야 한다는 말이다.

9_

'애'와 '온'을 우리의 사랑으로 고르는 이야기였다.
이제 이 사랑 이야기는 '결혼 이야기'로 간다.
'사랑의 중노동으로 가자는 결혼' 이야기.
'결혼은 무엇인가?'
아니 '결혼은 우리에게 무엇이어야 하는가?' 하는 이야기다.

결혼이 사랑에게 말을 하다

결혼의 철학

"'결혼이 무엇인가?'가 아니라
'내게 있어서 결혼은 무엇이어야 하는가?'여야 한다."

"결혼식, 혼인 신고는 한 번이면 된다.
그러나 결혼은 '1+1=1'이라는 자기 정체성을 다짐하며
매 순간 이루어가야 하는 것이다."

"'1+1=1' 의식이 없어지는 순간 결혼은 '없는 것', 괴물이 되고 만다."

"결혼은 행복보다 크다."

"'결혼은 해도 후회, 안 해도 후회!', 그런 기죽은 소리는
지구 밖으로 밀어내자는 거다."

"지금은 '대안 결혼'을 연구할 때가 아니라
결혼 철학의 완성도를 높혀 가야 할 때다."

'생각의 힘'
그리고 그 '결과'

1 _

이제 결혼을 이야기할 차례다.
무엇인지 잘 모르고 결혼을 한다?
그게 또 삽질되겠기에 하는 이야기다.

'결혼이 무엇인가?' 하는 이야기.
'그냥' 결혼이 '무엇'?
아니다.
'내게 있어서' 결혼이 '무엇이어야 하는가?' 라고 해야 더 맞다.

결혼의 철학이라 했다.
철학?

생각이다.

결혼 철학?

결혼에 대한 자기 생각이다.

생각의 힘, 그 철학의 영향력을 이야기하려는 거다.

2 _

처음 말?

"생각하는 대로 산다!"는 거.

그 다음 말은 이거, "사는 대로 된다!"이다.

그래서 결론은 이렇게 난다.

"생각하는 대로 된다!"

3 _

같은 일, 다른 생각, 그래서 달라지는 '격(格)'!

"무엇 하슈?"

"이 재수 없는 놈, 새끼들 밥은 먹여야 할 것 아니우!"?

그 석공 일은 '재수'인 거다.

"실적은 내야 하니까!"?

승진 심사를 위한 실적 보고용 정도다.

"이 시대의 정신을 담아!"?

불후의 명작, '모세상'을 내는 일이다.

"재수 없다!"?
일의 결과만 아니다.
시작, 과정 전체가 다 '재수'인 거다.
"작품 실적!"?
거기에 보람이나 의미, 행복 같은 것은 없다.
승진 심사 염려하며 짊어진 멍에다.
"시대의 정신을!"
시대에 새 기운을 일으키는 숭고한 일이다.

4 _

결혼이 그렇다는 거다.
결혼에 대한 자기 생각.
결혼에 대한 자기 철학.
그것이 자기 결혼 생활의 내용과 질을 결정한다는 거다.

"살면 살고, 말면 마는 거지 뭐?"
그것이 결혼에 대한 자기 생각, 결혼 철학이다?
그러면 그 결혼은 살다 말기가 아주 쉬워지는 것 되는 거다.
"깨는 건 절대로 안 돼!"
그러면 그 결혼은 그 쪽으로 쉽게 안 가는 것 되는 거다.

"동거는 하다가 말면 그걸로 그만이지만 결혼은 하면
한 번에 '훅' 가는 거잖아요!"
"견적이 안 나오는 거잖아요!"
"결혼식보다는 차라리 장례식이라잖아요!"
"결혼 할래 코로나 할래?"
"둘 다 싫어요!"

결혼에 대한 생각이 이 지경이다?
이게 다 이 시대의 결혼 철학이 만든 결과물로 봐도 된다.
결혼 철학의 천박, 빈곤, 혹은 부재라는 시대적 정신
상황의 문제라는 거다.

5 _

완성도 높은 결혼을 원한다!
행복의 완성도가 높은 결혼으로 가고 싶다?
묘수가 따로 없다.
완성도 높은 결혼 철학으로 가야하는 거다.
'결혼이 무엇이냐?'에 대한 완성도 높은 자기 철학!

6 _

"결혼이 무엇이냐?"

사실 답이 많다.

답이 많다?

그러면 답이 없다는 거다.

그래서, 답은 영 없는 거?

아니다.

있다.

어떻게?

만들면 된다.

자기 답은 자기가 만들면 있는 거다.

혹시 다른 사람은 그것을 답이라고 생각하지 않는다?

신경 쓸 것 없다.

지금은 포스트 모던 사회다.

내가 내 답을 만들면 된다.

내가 만들면 그것이 내게는 답?

이거 잘 만들어야 한다.

남의 결혼 아니라 내 결혼의 내용과 질이 그걸로 결정된다.

답을 만드는 것은 자유지만 그 답의 결과는

자유가 아니니까 하는 말이다.

지금까지 어쨌는지 하는 것은 아무 상관없다.

남들의 답이야 어떻든 상관없다.

지금, 나-우리에게 있어서의 답, 이것만 우리의 관심이다.

죽 쑤는 결혼?

기죽는 결혼?

그렇게 가는 철학은 절대 안 된다는 거다.

그 결과가 우리의 행복 지수를 극대화시켜 주는 결혼 철학.

우리 결혼을 우리에게 다함이 없는 복 되도록 끌어 주는 결혼 철학.

생각의 무게, 생각의 힘, 생각의 결정력을 생각해야 한다는 말이다.

완성도 높은 결혼 철학!

우리 결혼은 이 '완성도 높은 결혼 철학'에 이끌려지는 것

되도록 해야 한다는 거다.

'1+1=1'이라는
넌센스

1 _

"완성도 높은 결혼 철학이 이끄는 결혼"이어야 한다고 했다.
완성도 높은 결혼 철학 이야기?
'결혼이 무엇인가?'에 대한 이야기.
아니 더 정확히는 '내게 이 결혼은 무엇이어야 하는가?' 라는
이야기여야 한다고 했다.
'그것'을 제대로 해야 결혼이 제대로 되는 결혼 철학의 '내용' 이야기다.

2 _

사실 완전히 완성된, 그래서 유일무이한 내용의 결혼 철학이란 없다.
혹시 우리에게 모종의 결혼 철학이 있었다?

그런데 어느 순간 완성도가 더 높은 결혼 철학이 눈에 띈다?
그러면 지금의 결혼 철학은 새로 얻은 그 철학으로 대체돼야 한다.
'결혼 철학'은 계속해서 완성도를 높여가야 하는 것이기 때문이다.

그런데 결혼의 철학에 관한 한 우리는 참 다행이다.
더 이상의 것이 없다 할 정도로 완성도가 높은 결혼 철학이
우리 중에 있어왔기 때문이다.
더 이상을 생각할 필요가 없을 정도로 완성도가 높은 결혼 철학?
그것은 바로 이 넌센스, "'1+1=1'이라는 결혼 철학"이다

"결혼은 둘이 한 몸을 이루는 것이다."
수천 년 동안 우리 중에 있어 왔던 고전적 명제다.
결혼은 "'1+1=1'이라는 넌센스를 센스로 만들어 살아가는 거".
'1+1=1'?
우리에게 넉넉한 결혼의 철학이다.

사회-역사적 상황 때문에 결혼이 '1+1=1'이 될 수 없는 경우가 있다.
그러나 지금 그런 예외적인 상황을 이야기 하려는 것 아니다.
지금은 이 "하나 더하기 하나가 하나 되는 것",
"둘이 하나가 되는 것",
아니 "둘이 하나로 되어야 하는 것",
이것을 우리가 가져야 할 결혼 철학의 내용으로 하고
이야기 하자는 거다.

3 _

'1+1=1'?

낯선 이야기, 서툰 이야기 아니다.

늘 있어 왔던 이야기니까 그렇다.

그러니까 이 넌센스의 명제는 우리 결혼에서 작동해

주어야 했던 거다.

그런데 그렇지 않았다는 것이 참 아쉬운 부분이다.

못 들었기 때문에?

아니다.

안 들렸기 때문이다.

안 들렸다?

아니 들리기는 했었다.

그러나 그것이 '나의' 이야기, '우리'의 이야기로

크게 들리지 않았기 때문이다.

그래서 그것이 내 생각, 내 철학, 우리 철학이 되지 않았기 때문이다.

아무리 좋은 것도 내게 안 들린다?

그러면 그것은 의미도 없고, 작용도 없는 거다.

'1+1=1'이 그랬다는 거다.

그래서 우리 결혼들이 이 모양이 되는데도 손쓸 길이 없었다는 거다.

4 _

'1+1=1'

너무 상징적이고 추상적?

아니, 그렇지 않다.

"둘이 하나?

맞아요, 우리 그랬던 적 있어요!"

또, 알콩달콩?

그런 이야기 아니다.

"해봤다!"는, 아니 "되어 봤었다!"는 그런 '둘이 하나'?

'정'에 빠졌을 때 되었던 하나.

너도 없고 나도 없는 그런 '합일(uniformity)'로써의 '하나'?

그런 하나는 '1+1=1'이 아닌 '1+1=0'인 거다.

지금 말하는 이 '1+1=1'은 그런 것 아니다.

5 _

여기서 말하는 '하나'는 그런 몰자아적(nonbeing)인 것이 아니다.

의지를 가지고 선택을 통하여 만들어 내는

'하나됨(unity)'으로써의 '하나'다.

그 '하나됨'에 참여하는 방식으로 이루지는 '하나'다.

이 '하나'?

한 번 되면 자동적으로 막 굴러가는 그런 하나 아니다.

해체와 붕괴의 가능성이 수도 없는 하나다.

때마다 붙잡아 일으키고 세워야 하는 하나.

매 순간을 통하여 만들어가야 하는 하나이다.

6 _

결혼은 했다.

그런데 '1+1=1'이 안 되고 있다?

'결혼식'은 한 거지만 '결혼'은 되고 있지 않은 거라는 말이다.

"분명히 우리 '1+1=1' 된다고 했어요!"

"주례자님이 우리에게 그렇게 말씀 하셨고

우리도 그렇게 대답했어요."

물론 말로는 그랬다.

그런데 그것이 '정'으로 그냥 되었던 그런 '하나'가 아니었는지를

물어야 한다.

그런 하나는 정말 '아니'라는 말이다.

7 _

'1+1=1'?

이것은 자기의 결혼 철학이면서 동시에 '자기 의식',
'자기 정체성'이어야 한다.
결혼식을 한 후에 어느 한 순간도 이 '1+1=1'을 생각하지 않는
순간이 있어서는 안 된다.
이 '1+1=1'이 없어진다?
그러면 그 순간 결혼은 '없는 것' 된다.
괴물이 되고 만다.

경찰관 임관식을 했다?
그러니 이제 경찰은 경찰이다.
그런데 그에게 경찰 의식 없어졌다?
그 순간, 그는 경찰이 아니다.
경찰이 되는 임관식은 했으나 경찰은 아니라는 말이다.

결혼 의식으로써의 '1+1=1'이 딱 그거다.
결혼식, 혼인 신고는 한 번이면 된다.
그러나 결혼은 '1+1=1'의 의식을 다지면서
매 순간 이루어가는 것이어야 한다는 말이다.

'1+1=1'이라는 완성도 높은 결혼 철학?
이제 그것이 주는 행복 이야기로 가보자.
포스트 모던이 우리에게 추구하게 한 '자기 행복'의
크고 작은 이야기로!

기본으로 먹고 들어가는
'대박 행복'

1_

"행복 이야기로 가보자!" 했다.

깽꽁이 행복 보고서?
꽁이, 기가 막 죽으려 한다.
"꼬이씨, 미안해! 내가 너무 느려서!"
"아니얌, 아니얌! 내가 무지 빠르잖아.
그니깐, 우리 둘이 합해서 그것을 2로 나누면
우리는 하나도 안 느린 거야!
우리가 안 느리니깐 꽁이는 안 느린 거징!"

밥, 빨래, 설거지, 청소!

그런 것이 다 '많이' 해야 하는 거다.

많이 해야 한다?

빨리 해야 하는 거다.

그런데 그런 거에 꽁이가 늦다?

"꽁이가 늦다?"

아니다.

그럴 일이 없다는 거.

그런 일은 꼬이씨가 다 해버리니까 꽁이한테는

느릴 일 같게 없다는 거.

꽁이 속도가 시속 50킬로?

그런데 꼬이씨 속도는 150킬로?

둘이 합해서 2로 나누면 속도는 100킬로인 거다.

하나도 안 늦는 거다.

우리 둘이가 '하나 하니까' 꽁이가 하나도 안 늦는 거.

꽁이가 기죽을 일 없다는 거다.

2 _

'1+1=1' 결혼?

우리는 하나니깐 '대가 치르기'를 서로 막 해 주는 거다.

꽁이가 늦은 거 꼬이씨 빠른 걸로 그 값을 대신 치러 주는.

그니까 꽁이는 그렇게 '행복 대박'을 기본으로 먹고 들어가는 거다.
꽁이 행복이 꼬이씨 행복?
그니까 꼬이씨도 그 '대박 행복'을 기본으로 같이
먹고 들어간다는 이야기.

3 _

꼬마때 꽁, 꼬이씨 인생에 전혀 도움이 되지 않았다.
워낙 꼬마.
대학 졸업도 하지 않은 사학년 초가을에 꼬이씨가
결혼하자 해서 델꼬 왔으니깐.

뭐 아는 게 하나도 없는 거다!

"야구에서 홈런치면 몇 점 주는 거야?"
"아니, 나간 사람만큼 받는 거지!"
"아 그래? 나는 한 오점 주는 줄 알았어!"
이게 꽁이 실력.

서울역에서 택시를 탔다.
"여기는 남대문!"
"엉? 남대문?"
"그 때, 막 불타고 그래서 신문에도 나고 그랬잖아!"

"아, 그거!"

"조오기가 서울 시청!"

"아, 시청이구나!"

세종대왕상을 지나 유턴을 하면서, "조오기가 청와대!"

"청와대가 대통령님 계시는 데 아니야?"

"그렇지, 대통령님 계시는 곳."

"어? 청와대가 서울에 있었어?"

오, 마, 이, 갓!

"아니 청와대가 서울에 있지 어디 있어? 옛날에는 임금님이 살던 곳."

"아, 그렇구나!

잔디 같은 풀이 많이 있어서 나는 청와대가 시골에 있는 줄 알았어."

아이꼬, 이걸 우째?

정말 도움이 안 되는 깽꽁이.

4_

그러던 꽁이가 무럭무럭 자란 거.

이제는 예전의 꽁이가 아니다.

어른을 넘어도 한참 넘은 우아한 아줌마.

선글라스를 샀다!

한참 골라서 나로써는 아주 멋진 것을 샀다.

이제 사람들에게 가서 자랑하는 일만 남았다.

"아! 이거는 여자 거잖아!"
헐~
나는 아무리 봐도 남자 것 같은데.

버릴 수는 없는 노릇, 사람들에게 선수를 쳐야 했다.
"이것 여자 건데 괜찮으지욤?"
내가 먼저 그렇게 치고 나가니까 다들 꼼짝 못하는 거.
사람들이 오히려 거들면서 맞장구를 쳐준다.
"맞아죠! 맞아요! 요즘은 남자 여자 것 구별 없어요!"

큰 망신 당할 뻔했다.
꽁이가 방어 멘트 준비할 찬스를 준 거다.
알고 보니 내가 모르는 것을 꽁이가 어마무시 많이 알고 있다는-
참으로 도움되는 이 진실!

꽁이는 밤마다 내게 교훈한다.
"식구들끼리는 목소리 크기가 '이' 이상 올라가면 안 되는 거야!"
"게슈탈트 한다는 사람이 말을 그렇게 못 알아들으면 안 되지!"
"이 부분은 좋아. 그런데 이 부분은 '픽!'하고 오는 게 없어!"
"나를 설득해야 해! 나를 설득하지 못하면
대중을 설득할 수 없는 거야!"

이 책을 다듬고 있는 이 시간에도 끝없는 코칭이다.

조금만 우습게 말해도 배꼽을 잡고 웃어 준다.
내가 최고란다.
원 세상에 나를 "명품 남편!"으로 띄워줬다 했잖나!
이거, 꽁이가 나를 너무 신나게 만들어 주는 거다.
'1+1=1', 이걸로 가니까 꽁이는 내 인생 큰 도움인 거다.
나도 이 대박 행복을 기본으로 먹고 있다는 말이다.

둘이 합해서 하나 만들어 이리 저리 더하고 빼고 곱하고 나눈다?
온종일 꽁이도 꼬이씨도 대박 행복이라는 말이다.

5 _

'1+0' 되어 있어서는 냄새도 못 맡을 행복.
'1+1=2' 같은 것 되어 있어서는 어림없는 행복.
보듬고 보듬어 '1+1=1'로 가는 행복, 이 대박 행복 이야기.
"행복 이야기로 가보자!" 했던 그 이야기가 이 이야기다.

"결혼은 해도 후회, 안 해도 후회"?
그런 꼰대 말씀은 이제 "지구를 떠나라!"는 말이다.

'우주적 더함'으로
더 하기

1 _

'1+1=1'의 결혼 행복!
놓칠 수 없는 대박 행복이라 했다.

그래!
그래서 그 행복을 잡았다!
그리고는 여기서 결혼, 끝?
그러기에는 너무 '아니'다.

'우주적 더함'!
'더함'이라 했다.
'대박 행복' 너머 더하여 봐야 할 것이 있어서 하는 말이다.

"결혼 행복들의 합보다 더 큰" 의미!
'결혼의 우주론적 의미' 이야기라 해도 된다.

2 _

폴러스의 그림 동화, "꽃들에게 희망을"의 이야기다.
애벌레가 나비가 되어가는 저간의 이야기다.

힘겨운 시간들을 지나 애벌레는 나비가 된다.
눈부시게 맑고 밝은 날, 화려하고도 고운 날갯짓.
그 고운 날갯짓으로 찬란한 하늘을 나는 거다.

땅에서 모양 없게 기어다니기만 했던 애벌레다.
애벌레?
꼬마들이 징그러워하는 소위 '충(蟲)'!
어디까지나 그런 '벌레'였다.

그 벌레가 나비가 되었다!
그 이상은 없는 거였다.
그것은 행복보다 더 행복이었다.
로망의 실현이었다.

벌레가 나비가 된다는 것?

당연히 애벌레에게 희망의 사건이다.

그러면 책의 제목은 "애벌레들에게 희망을"이어야 하는 거.

그런데 제목이 "꽃들에게 희망을".

"꽃들에게 희망을!"?

그것이, 왜?

3 _

나비가 없다?

꽃들의 수정이 없는 거다.

수정이 없다?

씨앗이 없는 거다.

씨가 없다?

꽃들에게는 다음의 봄이 없다는 거다.

꽃들이 꽃들 될 희망이 없다는 말이다.

애벌레가 나비가 된다는 것?

그것은 애벌레의 행복 너머로 나아가는 거다.

애벌레에게만이 아니라 꽃들에게 희망이 되는 거라는 말이다.

그것은 꽃, 거기서 끝나는 것이 아니다.

피어난 그 꽃들로 인하여 끝없이 일어나게 될 '그 다음들'.

"나비 효과"?

자기 행복을 넘어 우주의 온 지평으로 확대되어 갈 '그 다음들'!

4 _

이 애벌레 이야기는 결혼의 차축성 이야기다.

"엄마 아빠가 '러브'하는 게 너무 좋아!"
엄마 아빠 러브가 '자기들의 행복'이란다.
엄마 아빠의 행복이 무엇을 '더해 주는지'에 대한 이야기다.
'1+1=1'의 결혼이 무엇을 더해 주는지 보자는 이야기다.

'1+1=1'로 이루어진 행복은 아이들 손을 잡고 학교로 간다고 했다.
학교로 간 그 행복은 사회로 간다고 했다.
사회로 간 그 행복은 그들이 경영할 국가, 세계, 그리고 역사로
간다는 거.

결혼의 행복은 그렇게 우주로 나아가며 의미를 내는 거라는 말이다.
이것이 놓쳐서는 안 될 결혼의 '우주적 더함'이다.

5 _

"코로나 할래, 결혼 할래?"
"둘 다 싫어요."

기죽은 결혼?

당연히 출산율의 곤두박질로 가는 거다.

그것은 경제 활동 인구 감소로 가는 거다.

인구 감소에 이어지는 국가 경제가 추락!

인구 감소로 이어지는 국가 존망의 위험!

결혼이 그 의미를 더하여 가지 못함으로써 일어나는 차질이다.

결혼의 차질?

차질이 차질로 그냥 끝나고 마는 차질 아니다.

결혼의 몰의미(meaningless)라는 뺄셈이 내는 우주적 재앙으로

봐야한다.

"집이 없어, 돈이 없어 결혼을 안 한다!"

그러면, 결혼을 안 하면 집이 생기고 돈이 생긴다?

아닌 것 다 안다.

그런 것은 다 '그 다음' 이야기라는 거다.

이유들, 핑계들?

결혼이 결혼 되지 못하고 방황하고 있기 때문에

나오는 소리라는 거다

'1+1=1'이 되지 못한 결혼들로 인한 패배주의 때문이라는 말이다.

우주적 '뺄셈'의 결과다.

6 _

이제 거꾸로 가자는 거다.
결혼을 '결혼되게' 하자는 거다.
'1+1=1'이 이끄는 것으로 하자는 말이다.

애벌레를 넘어 가는 거다.
꽃들도 넘어 가는 거다.
온 우주의 삼라만상 모두에게로 이 '더함'을 더하자는 거다.
"만물을 새롭게 하는" 이 우주적 축제!

"결혼은 행복보다 더 크다"!
우리가 더하여 봐야 한다는 거?
우주적 지평으로 확대되어 가는 결혼의 이 큰 의미다.
이 '우주적 더함'.
이것도 우리의 결혼 생각에 더해져야 할 거여서 하는 말이다.

철학이 이끄는
결혼

1 _

사회적 자산으로써의 결혼?
그 쪽으로 회귀하자는 것 아니라 했다.

'행복 추구의 수단'으로써의 결혼?
당연한 것보다 더 당연한 거라 했다.
'자기 행복 추구'라는 포스트 모던의 시대정신?
미안해 할 것도 없고 민망해 할 것도 없다고 했다.

그런데 여기서 묻고 가자 했다.
"지금 말하는 그 행복, 그 사랑, 그 결혼이 어떤 건지?"
그리고 "그 행복, 그 사랑, 그 결혼으로는 어떻게 가는 건지?"

"당신이 나한테 해준 게 뭐야?"
우리가 말하는 행복?
그렇게 가는 것 아니라 했다.

"우리는 사랑하니까!"
그런 사랑으로 가는 것도 아니라고 했다.
타령 같은 '그런 사랑'은 아니라 했다.

우리가 말하는 행복은 그 행복이 있어 다른 것들도 행복되는
차축 행복이라 했다.
우리가 보자는 사랑은 '대가 치르기'의 다른 이름인 '애'로써의
사랑이라 했다.
그 '애'를 통하여 '그' 행복에 이르는 결혼?
'1+1=1'!
완성도 높은 결혼의 철학이 이끌어 주는 결혼이어야 한다고 했다.

2 _

우리가 말하는 행복은 어쩌다 운 좋게 줍는 것 아니라 했다.
완성도 높은 결혼 철학?
그것이 또한 그런 거라는 말이다.

지혜의 말씀들을 열심히 찾아 읽어야 한다.

그러면서 나름 또 열심히 만들어야 한다.
지금 들리는 대로 보이는 대로 막 집어 담아 되는 것이
아니라는 말이다.

3 _

"엄마처럼 살고 싶지 않아요!"
한국 여성 50명 중에 20명의 생각이 그렇단다.
그리고 이제 점점 더 그렇게 될 거란다.

엄마처럼?
"결혼은 노예 살이"!
사람들이, 아니 엄마가 그렇게 이야기하더라는 거다.

"빨리 하고 돌아 와!"
어차피 해봐야 할 거라면 빨리 하고 돌아와 '돌씽' 그룹에
합류하란다.

이게 다 들리는 말 모두 주워 담아 만든 결혼에 대한
자기 생각의 결과다.
자기의 결혼 철학이 자기를 그렇게 만든 거라는 말이다.

들리는 게 생각이 되고 보이는 게 생각이 된다고들 한다.
지금 내가 보고 듣는 것이 내 생각이 되고 내 철학이 된다는 거다.
그래서 하는 말이다.
유의해야 할 대목이다.
들린다고 보인다고 그것들을 다 집어 담는 것 아니라는 말이다.

이런 저런 말들이 들리면서 이런 저런 생각이 든다?
여기서다.
그 생각들?
골라서 생각해야 한다는 말이다.
드는 생각이라고 그 생각들을 다 내 생각 삼는 것은
아니어야 한다는 거다.
내 생각으로 해야 할 것과 내 생각으로 하지 않아야 할 것을
골라야 한다는 말이다.

생각을 고른다?
"아니, 머리에 들어 온 게 이미 생각인데 그걸 어떻게 골라내요?"
아니다.
그래도 골라내야 한다.
골라내는 연습을 열심히 해야 한다.
그 '퍽!' 하고 든 생각이 자기를, 자기 결혼을 이끌어 가게 해서는

안 된다는 말이다.

5 _

"잔치 상에 올라온 음식은 이미 음식이잖아요?"
맞다.
그러나 그 음식을 내가 먹을거냐 아니냐 하는 것은
다른 문제라는 말이다.
얼마든지 고를 수 있는 것이고 또 골라야 하는 거라는 말이다.
아무리 "보암직하고 먹음직해도" 골라낼 것은 골라내면서
먹어야 한다는 말이다.
그렇게 하면서 내 몸이 제대로 된 내 몸 되게 해야 한다는 말이다.

머리에 들어오는 생각을 고르지 않고 다 담는다?
그러니까 우울증 되는 거다.
"헬!" 되는 거다.

결혼이 마구 헝클어졌다?
결혼에 대하여 들은 이야기, 든 생각을 고르지 않았기 때문이다.
그래서 결혼이 "노예 살이", "헬" 된 거다.
결혼?
절대로 그런 것 아니다.
내가 해보니 절대로 그런 것 아니더라는 말이다.

국민 대표님들의 소리도 골라내야 할 것은 골라내야 하는 거다.
혈당 올리는 음식 같은 소리면 안 된다는 말이다.
답도, 덕도, 득도 아닌 생각이 우리의 결혼 철학되게 해서는
안 된다는 거다.

제대로 된 행복, 제대로 된 사랑이 되게 하는 결혼 철학?
그것이 되어야 한다는 말이다.

6 _

"1+1=1"의 넌센스?
말이 안 되는 것을 말이 되는 것으로 만들어 가는 결혼?
익숙한 것 아니고 쉬운 것이 아니다.
공부하고, 연습하고, 훈련이 요구되는 대목이다.

결혼은 "해도 후회, 안 해도 후회"?
제대로 된 결혼으로 가보지 않은 사람, 가보지 않은 세대가
부르는 잘못된 합창이다.

지금은 그런 소리 하면서 "대안 결혼을 연구하자!" 할 때가 아니다.
결혼 철학의 완성도를 높여 가야할 때다.
'1+1=1' 정도의 완성도라면 우리의 결혼 철학으로
이야기해 볼 만 하기에 하는 이야기다.

2부

결혼을 '위한' 이야기들

·

구도 전환

·

교제

·

신화들

·

추가 자원

구
도
전
환

"'만나는 것'과 '연애하는 것'은 다르다."

"'영원한 사랑'이라고 할 때의 그 '영원'이란 질적 차원에서의 영원이지
양적 차원에서의 영원이 아니다."

"결혼의 차질 시작은 단명한 연애감정. 연애 위에 결혼을 세우는 것이다."

"'사랑은 하나'라는 신화는 세상에서 가장 위험한 신화다."

"우리는 연애감'정'으로써의 사랑에 값을 너무 많이 주었다."

"연애의 낭만은 준비를 요구하지 않지만 결혼의 현실은 준비를 요구한다."

'주변 연애'와 '연애'의 비동일성(difference)

1 _

연애와 결혼?
한데 묶인 패키지, 하나다.

"뭐! 연애 결혼을 한다구?"
한 오십년 전에는 "얼레리!" 했다.
지금 그러는 사람은 아무도 없다.

"사랑해서 결혼 했어요!"
"사랑하니까 결혼하는 거잖아요?"
이제는 누가 "아니다!" 하는 것 전혀 아니다.

연애가 결혼으로 안 이어진다?

본인들은 말할 것 없다.

옆에서도 가슴 쓰려 죽을 지경이다.

연애는 결혼으로 가는 디딤돌이다.

결혼으로 가는 너무나 일반적인 과정.

그러니 '연애〉결혼'이라는 구도?

지금 그것은 당연한 것으로 되어 있다.

2 _

그러나 여기서는 다른 이야기를 하자는 거다.

연애는 결혼의 디딤돌이 아니라 걸림돌이 된다는 이야기.

연애가 결혼에 주는 순기능 이야기 아니다.

오히려 역기능, 차질 요인이 된다는 이야기를 하려는 거다.

잘못된 연애, 연애를 잘 못 해서 걸림돌이 된다?

그런 이야기 아니다.

반대다.

연애를 잘해서 일어나는 차질이다.

연애를 잘하면 잘 할수록 차질이 더 크게 일어난다는 이야기다.

'아이러니'다!

연애가 결혼에 차질을?

그 차질을 봐야한다.

그리고 그 이유를 봐야 한다.

그래서 그 차질을 해소할 방안을 내야한다.

3 _

연애의 차질을 이야기하기 위하여 먼저 해야 할 일이 있다.

'연애 같은 것들'과 '연애'를 구별하는 작업.

'주변 연애'와 '연애' 사이의 차이를 이야기하려는 거다.

주변 연애를 연애와 같은 것으로 생각하고 이야기 한다?

그러면 이 아이러니를 설명하는데 혼란이 생긴다.

그래서 정리해서 구별해야 한다는 말이다.

우리의 관심은 오직 '연애 그 자체'다.

그래서 '주변 연애'는 따로 떼어놓고 '연애 자체'에

이야기를 집중하자는 거다.

4 _

"만나요!".

"왜?"

"사람이 괜찮아요!"?
"아, 둘이 연애 하는구나!" 그렇게 된다.

"괜찮아서"?
그렇게 만나는 것은 여기서 말하는 본래적 연애, '연애'가 아니다.
연애 감정이 아니고 괜찮아 하는 감정, '호(好)감정', 호감(好感)이다.
꼭 연애라 불러야 한다면 그것은 '주변 연애'다.
그러나 여기서는 그것을 '연애'라고 하지 않고
그냥 '만나는 거'라 한다.

"사람이 참 편안해요!"
그래서 만나는 것 역시 여기서 말하는 '연애' 아니다.
편안한 감정, '안(安)감정'으로 '만나는 거'.
그런 것도 다들 광의의 의미에서 대충 '연애'라고 한다.
그러나 그것 역시 여기서 말하는 연애는 아니다.

5 _

학생회 임원이어서 동방(?)에서 한 학기,
일 년을 내내 붙어 있었었다.
임기가 지나 임원 일이 끝났다.
걔랑 동방에서 만날 일이 더 없다.
일 년을 매일 같이 있었었는데, 이제는 '허'한 거다.

"뭐해?"

"아무 것도 안 해, 그냥 있어!"

"커피 마시러 나올래?"

그래서 만난다.

주변 사람들은 그런다, "쟤들 연애하는 가봐!"

그것?

연애 아니다.

연애 감정이 아니고 '연(聯)'때문에 '만나는 거'다.

그 '연'의 관성 작용에 의해서 그냥 만나는 거라는 말이다.

그것 역시 '연애 같은 것', '주변 연애'인 거지 '연애' 아니라는 말이다.

"만나는 사람 있어?"

"예!"

그러면 "연애 하는구나!"가 되면 안 된다는 거다.

6 _

꼬마 동무, '까디'랑이다.

종각 '먹자 골목' 초입에 있는 이층 꼰대 다방, 창가 자리.

커플들이 골목에서 왔다 갔다 한다.

커플들의 동향을 하나씩 검색한다.

"쟤들은 둘 다 연애하는 것 맞고."
"쟤 둘?
여자애만 연애지, 남자애는 아니고.
쟤 둘은 그냥 같이 다니는 거지 둘 다 연애 아니고!"

"쟤들 다 연애하는 거 아니어여?"
"아니야, 연애 하는 넘은 별로 안 보여!"
"다 같은 거 아니어여?"
"아니야! 달라!"
"뭘 보고 그러세여, 겨수님?"
"그런 게 있어!"
"예? 그런 게 뭐예여?"

지금 그 이야기하자는 거다.
연애만 연애로 따로 보자는 거.
그렇게 해놓고 '다음 이야기'를 하려는 거다.

연애의
'본래성(authenticity)' 보기

1 _

"그런 게 뭐예여?"
연애만 연애로 따로 보자고 했다.

나이브하기까지 한 표현이다.
그러나 연애를 이보다 더 잘 표현할 수는 없다.
"미친! 불 타오르는! 푹 빠지는!"

"에이, 민망하게 우린 안 그래요!"
"우린 안 그런다!"?
그러면 니들은(^^) 여기서 말하는 '연애' 아니다.
니들이 지금 하고 있는 것은 '연애 같은 것', '주변 연애'다.

'만나는 거', '데이트 하는 거' 정도다.

"아니어요, 우리 디기(?) 좋아해요!"
맞다.
좋아하는 것 아니라는 게 아니다.
그런데 여기서 보자는 연애는 그런 좋아하는 정도의 것이
아니라는 거다.

주변 연애를 연애라고 하면 연애가 결혼에 걸림돌 되는
이야기를 제대로 이해할 수 없다고 했다.
그래서 진짜 연애만 본다?
이제 보려는 것이 그거다.

2 _

이 연애 이야기는 앞에서 했던 '정' 이야기에서
그냥 이어져 나오는 거다.
연애는 '정', 그 '연애 감정'을 가지고 하는 것이기 때문이다.

연애의 시작은 '정', '합일 감정', '연애 감정'의 발현이라 했다.
그 감정의 시작은 '홀림'이라 했다.
'끌림'이라고 해도 된다.

물론 '은근히'라는 것도 있다.

그러나 "한 눈에 반했다!"?

이것이 전형적인 홀림으로 시작되는 연애를 말하는 거다.

연애 감정이 이 쪽에서는 일어났는데 저 쪽에서는 아니다?

그게 '짝사랑'이다.

연애 감정이 가서는 안 되는 쪽으로 마구 간다?

그것이 '불륜'이다.

다행이 그 감정이 서로를 향하여 동시에 일어난다?

비로소 '연애'다.

3 _

한 눈에 그렇게 되었든 은근히 그렇게 되었든 그것은 상관없다.

문제는 이제 나타나는 현상이다.

연애 감정이 일정 수준에 이른다?

그러면 정상적인 정신 세계는 파열이다.

정상적인 정신 세계의 파열 현상!

그 파열 현상이 있느냐 없느냐에 따라 '주변 연애'와 '연애'가

갈라진다.

"만나면 편해서" 정도는 연애 아니라는 거다.

연애는 사람을 그렇게 편한 정도에 놔두지를 않는다.

'정상적인 정신 세계의 파열'?
상대방에 대한 호기심, 신비감 같은 것이 이 파열 현상을
더 가열하게 한다.
이 시점에서의 호기심, 신비감?
발생하는 것이라기보다는 발동하는 것이다.
호기심과 신비감?
이것들이 불붙은 연애 감정을 불타는 수준으로 끌어 올린다.

남성의 경우가 더욱 그렇다고 했다.
신비감 중에서도 특히 신체적인 신비감.
상대방에 대한 신비감으로 연애 감정은 몸이 타도록 불 타오른다.

윤리, 체면, 사회적인 지위에 대한 인식?
그런 것 없다.
그런 것도 다 불타 없어진다.
완전 무장 해제라는 게 그거다.

4 _

"고맙고 미안하다." 한다고 했다.
그것이 어떤 합리적인 근거를 가지고 있는 것인지

도저히 알 수가 없다.

그냥 자기들끼리 둘이서만 그러고 있는 거.

이유 없는 자신감?

객관적인 근거라고는 전혀 없는 자신감 말이다.

자기들의 판단에 대한 자신감은 하늘을 찌른다.

"니들 지금 뒤집어 씌여진거야!"

"아니어요. 이상할 정도로 우리는 냉정해요!"

"이상할 정도로 우리는 냉정!"하다?

맛이 갔다는 것을 더 크게 웅변할 뿐이다.

자기 둘만의 종교다.

5 _

자기 확신이 그러니까 모든 것들을 다 내어놓는다고 했다.

온갖 약속, 온갖 희생!

시간, 돈, 건강!

"한 눈에 반해서 유학 포기 했어요!"

일생의 계획도 다 놓는다.

요즘처럼 너도 나도 다 유학 가는 때 이야기가 아니다.

로또 당첨 같이 힘든 옛 시절의 유학!

육공 칠공 캠퍼스의 퀸카, 큰고모님 시절의 이야기다.

6 _

"연애는 둘이서만 해라이!"
아무리 말려도 안 된다.
'페'로 '인스타'로 계속 생중계 방송이다.
"아니, 니들 백일, 오백일이 나랑 무슨 상관이냐니깐?"

"쟤들 결혼 했니?"
"아니요!"
"근데, 쟤들 왜 저러니?"
그 사랑에 누가 이의를 제기한다?
그것이 부모님이다?
"한 번도 경험하지 못한" 아들, 딸들로 변이된다.

사람이 갑자기 악해져서가 아니다.
연애라는 게 본래 그래서 그런 거다.
연애 감정, 연애의 본연, 연애가 그렇다는 말이다.
연애가 결혼에 차질을?
그 차질을 봐야한다.
그리고 그 이유를 봐야 한다.
그래서 그 차질을 해소할 방안을 내야한다.

연애의
'단명성 (short)' 보기

1 _

연애의 본연?
연애 감정의 본연?
이 "미치고, 빠지고, 불타고"!

그러나 그것은 절반만 이야기한 것이다.
절반을 더 말해야 한다.

절반?
'연애의 단명성'에 대한 이야기.
결혼의 디딤돌 삼기에 연애 감정은 너무 허약하다는
이야기를 하려는 거다.

2 _

"과장님!"
"응?"
"과장님, 저는 좀!"
"응! 그래, 알았어. 가!"
신혼 초에 있는 '일과 후 회식'은 흉물이다!

합일 감정, 연애 감정이 남아 넘치는 처음 상황!
신비감이 아직은 가득 남아 있다.
용광로보다 천만 배 더 달았던 몸이 아직 식지를 않았다.
그러니 직장의 회식?
인생에 전혀 도움 되는 것 아니었다.

시간이 흘러 한 두어 달 뒤의 상황!
주머니에서 폰을 쓰윽 꺼낸다.
"자기야! 회사에 회식이 있어서, 음, 음, 음!"
"그래, 알았어!"

대여섯 달 뒤?
이제는 지가(?) 회식을 만든다!

연애 감정이 가물가물해진 거다.

신비감?

옛말 된 거라는 말이다.

모든 것이 다 이 신비감 하나에 달려 있다는 말은 아니다.
그러나 신비감 이야기 하나만으로도 이 형국을 설명하는 것은
모자라지 않은 거다.

3 _

연애의 차질, 결혼에 있어서 연애 감정의 부작용 이야기를
한다고 했다.

그 차질의 큰 원인을 이 연애 감정의 단명성에서 보자는 거다.
연애 감정은 수명(壽命)이 짧다는 거.
짧아도 너무 짧다는 거.
수명의 최장 유효 기간이 2년?
그것도 과잉 산정이다.
세 달?
아니 한 달로도 충분할 수 있다는 거.

결혼식을 하기 전에 스킨십이 너무 셌었다?
신혼여행에서 돌아오는 날 그 명이 다한 표가 나기도 하더라는 거!

4 _

스킨십, 신비감, 연애 감정.
이 삼자 간의 추이?
스킨십으로 인한 신비감의 소멸.
신비감의 소멸로 인한 연애 감정의 소멸!
그것이다.

사람이 나빠서가 아니다.
신실하지 않아서가 아니다.
참 딱한 노릇이지만 그것은 거의 생리적인 것이다.

신비감이 없어지니 흥이 없어진 거다.
처음에 "과장님!" 이라고 했던 것은 신비감이 있고
흥이 있었다는 거다.
그런데 몇 달 후에는 자기가 회식을 만드는 지경이 되더라는 거.

5 _

신비감 소멸에 따른 연애 감정의 추이?

사실 여자들에게서 시작되는 일은 거의 없다.
시작은 주로 남자이다.

그러나 남자에게 신비감이 소멸된다?

거기서 여자들에게 리액션이 일어날 일이 생긴다는 거다.

그냥 촉으로다.

"아효! 이 인간 달라졌네!"

변화, 아니 변질이다.

달라진 정도가 아니다.

심해져 더는 봐 줄 수가 없는 지경.

배신감 같은 것이 치밀어 오르는 거다.

배신감?

여기서다.

이 지점에서 여자들의 '정'은 떨어지는 거다.

연애 감정의 소멸이 일어나는 거라는 말이다.

남자의 신비감 소멸에서 시작.

그 신비감 소멸로 인한 연애 감정의 소멸.

연애 감정 소멸로 인하여 일어나는 남자의 변질.

여자들의 배신감.

그 배신감으로 인하여 일어나는 여자들의 '정' 소멸.

이거 너무 흔한 일이다.

6 _

지금 신비감만으로 이야기한 거다.
과잉 일반화의 오류?
물론 그럴 수 있다.
다른 원인들이 얼마든지 있을 수 있다.
그러나 이것 저것 다 갖다 대어도 결과는 마찬가지다.

절반을 더 이야기해야 한다는 이야기?
'정'이란 것은 때 되면 떨어지게 되어 있다는 것.
그것도 아주 짧은 기간 안에 그렇게 된다는 거.

"우리의 사랑은 영원하다!"?
그 영원은 감정적인 질적 내용을 말하는 거다.
물리적인 시간의 길이를 말하는 거 아니다.

이 연애 감정의 단명성을 보지 못했다?
그러니 '연애 감정', '연애' 위에 결혼을 세우고 이런 차질을
자초하게 되더라는 말이다.

이제 그만,
'사랑의 고평가'!

1_

연애의 단명성?
그래서 연애 결혼이 차질로 갈 수밖에 없다고 했다.

'사랑의 고평가'?
여기서 말하는 사랑의 고평가는 '정'에 대한 고평가를 두고
하는 이야기다.
'정'이 고평가됨으로써 일어나는 결혼에서의 차질에 대한 거다.

2_

차질은 "사랑은 영원하다!"는 신화에서 시작된다.

차질의 시작?

이 "사랑이 영원하다!"

사랑의 시들, 사랑의 노래들이 다 그랬다.

그런데 그것이 신화라는 말이다.

신화?

그러면 그 진실은?

"사랑은 영원하지 않다."는 거다.

"그 어떤 사랑도 영원하지 않다."는 거다.

혹 그 사랑이 '애'를 두고 이야기하는 거다?

그렇다면 그것은 다르게 이야기해야 한다.

"사랑이 영원하다."가 아니다.

"그 사랑은 영원해야 한다."여야 한다.

더 정확하게 말한다?

그러면 "그 사랑을 영원하게 해야 한다!"이다.

사실 어떤 사랑도 자기가 자기를 영원히 할 수 없다.

영원해야 한다면 우리가 그 사랑을 영원하도록 해야 한다는 거.

우리가 그 사랑을 영원히 해야 하는 일이 있을 뿐이다.

3 _

그런데 시로 노래로 예찬한 그 사랑이 '애'가 아니라 '정'이다?

그런데 그 사랑을 "영원하다!" 했다?
전혀 아니라는 말이다.

'사랑의 단명성'?
'정의 단명성'?
'정'은 영원하지 않을 뿐 아니라 영원하게 할 수도 없는 거다.
우리는 지금 이 단명성을 이야기한 거다.

4 _

"사랑하니까 결혼한다!"?
"사랑이 더 되지 않으니까 헤어진다!"?
거기에 또 정직과 용기까지 더 한다?

'정'을 사랑이라 부르며 거기에 우리가 값을 너무 많이 쳐주었다는 거다.
제 값만 주어야 했다는 거다.
그 허약한 '정'으로 우리 결혼의 "go-no-go"를 판단하는 기준을 삼았다?
믿어서는 안 될 신화를 너무 믿은 거였다는 말이다.

사랑의 단명성이라는 허약성을 보지 못했던 거.
그래서 사랑의 고평가로 갔던 거.
그래서 그 단명한 것을 디딤돌 삼아 그 위에 영원한 행복을
짓겠다고 했던 거.

그래서 차질이 일어났다는 거다.
사랑이 결혼에 디딤돌 아니라 걸림돌 되었다는 말이 그 말이다.

5 _

여기서 우리는 그 신화를 다시 한 번 꺼내 본다.
온 세상을 혼돈으로 몰아넣는 신화!
세상에서 가장 위험한 신화!
"사랑은 하나"라는 신화가 그렇다는 말이다.

'정'이 다르고 '애'가 다르고 '온'이 다르다는 사실을
한 순간도 놓쳐서는 안 된다.
'애'는 최고의 덕목이었다.
'온'은 그 덕목의 소산이었다.
'애'는 우주를 살려 내는 것이었기 때문이었다.
'온'은 온 우주를 지켜 내는 것이었기 때문이다.
그 사랑들이라면 그것은 우리가 생산해야 하는 것이고
우리가 애써 보존해야 하는 것이었다.
대가를 치르는 중노동을 더 해가야 하는 것이었다.

'정'은 아니었다.
'정'은 분명히 그것들과는 다른 것이었다.
'정'?

무엇을 살리는 것도 아니었다.

무엇을 지켜 내는 것도 아니었다.

그렇게 하는 것도, 그렇게 할 수 있는 것도 아니었다.

하다보니 그냥 그러다가 마는 것이었다.

이 많은 차질은 사랑이 하나라는 신화를 믿는 것에서 시작된 거였다.

'정'을 '애'와 '온'과 같은 값으로 쳐주었던 오류를 저지르는 것에서

비롯되었다는 거다.

그 차질의 쓴맛을 우리가 보고 있다는 말이다.

6 _

"오빠, 오늘은 우리 감정에만 충실해요!"?

그 신화 때문이었다.

그 신화를 믿었으니 그랬다는 말이다.

"사랑해서 결혼 한다!"?

"연애해서 결혼 했다!"?

'정'을 '애'와 '온'과 '같은 하나의 사랑'으로 믿었으니

그렇게 나갔더라는 말이다.

그래서 말했던 그 "충실", "고귀"?

다 고평가 때문이었다.

7 _

고평가로 인하여 연애가 결혼의 필수 통로로 인식되었던 거다.

"연애?" 하면 "결혼!"

'연애〉결혼'의 프레임이 당연한 것으로 여겨지게 됐던 거라는
말이다.

이 시대의 대세!

이 시대의 절대 공식, 신앙이 되었던 거다.

그러다가 "이게 아니다!"?

그러면 한 순간에 무너지는 거였다는 말이다.

죽 쑤고 기죽던 거.

8 _

그것이 연애, 연애감정, '정'이다?

이제는 더 이상의 고평가는 안 된다는 말이다.

그 신화 위에 세워진 '연애〉결혼'의 구도도 아니라는 말이다.

재평가, 아니 저평가 되어야 한다는 말이다.

그래서 결혼을 제대로 된 결혼이 되도록 해야 한다는 말이다.

173

낭만의
'몰준비성 (lack of preparation)'

1 _

사랑하니까 당연히 결혼하는 거고,
연애했으니까 당연히 결혼하는 거다!
그런 생각에서 만들어진 구도가 '연애〉결혼'다.
그리고 지금까지의 이야기는 이 '연애〉결혼' 구도의 허약성에
대한 것이었다.

구도의 허약성?
그것, 작은 문제 아니다.
그러나 여기서 우리 더 주목해야 할 것이 있다.
구도의 허약성이 이 문제의 전부가 아니라는 사실 때문이다.
'연애〉결혼' 구도로 인한 또 다른 차질의 문제다.

"'연애〉결혼' 구도로 인한 또 다른 차질"?
한 마디로 '낭만'의 태생적인 '몰준비성' 문제다.
"낭만은 '준비'라는 것을 알고 싶어 하지도 않는다!"는 것.

2 _

"결혼 준비?"
"사랑이면 다 잖아요!
사랑 말고 뭐 있을 게 있나요?"

사랑 외에 필요한 것이 더는 없단다.
낭만에서는 사랑이 '전부'다.
모든 것의 알파요 오메가다.
그러니 사랑이 결혼 준비의 전부라는 말은 자동적인 거다,

사랑을 '전부'로 알고 있는 연애!
바로 그 지점에서 발생하는 차질.
사랑으로 인한 차질, 연애로 인한 차질이다.

사랑을 충분히 하지 않아서?
그 사랑이 뜨겁지 않아서?
아니면, 사랑에 불순한 다른 것이 묻어 있어서?

아니, 거꾸로다.

그 사랑이 너무 뜨거웠기 때문에 그렇다는 거다.

그 사랑이 너무나 순수했기 때문에 그렇다는 거다.

사랑에 자신 있었기에 더 그렇다는 거다.

뜨거운 사랑 때문에 차질?

때 묻지 않은 사랑 때문에 차질?

3 _

사랑의 낭만!

낭만의 맹목성이라는 거다.

'낭만의 맹목성'?

그 맹목성의 요지는 '낭만은 준비가 요구되지 않는다.'는 거다.

"낭만은 준비가 요구되지 않는다."?

맞다.

"사랑은 한 눈에!"다.

낭만은 그걸로 족하다.

그냥 빠지면 된다.

그냥 타오르면 된다.

준비가 필요하지 않다는 말이 그 말이다.

요구가 있다?
그것은 이미 낭만이 아니라는 말이다.

사실 낭만은 준비만 없는 게 아니었다.
부모 형제, 수천년의 전통, 윤리, 도덕, 다 없다.
"사랑한 게 죄는 아니잖아?"라는 데 뭐!
그것도 아주 씩씩한 소리로.
결혼식, 그 많은 사람들 앞에서 있는 힘 다해서 소리쳤던
그 언약에 대한 기억도 없는 거.
다가오는 결혼이라는 '현실'?
현실에 대한 감각, 그런 거 당연히 없다!

결혼을 이야기하는 지금에서 그 없는 것들보다 더 없는 거.
그래서 진짜 없는 거?
그것이 바로 '결혼에 대한 준비'다.
'결혼 준비 없음'!

준비?
'알아보기'다
이 낭만에는 '결혼에 대하여 알아보기', 그런 것이 없다는 거다.
'결혼에 대한 준비'가 없다는 거.

더 정확하게 말하면 결혼을 준비할 '정신'이 없다는 거.

4 _

청룡열차에서 망한 거!

딴 애들은 "대박!" 연발이었다는 거 아닌가?
그런데 자기는 왜?
준비 없이 그냥 탔다는 거!
청룡열차가 무엇인지 알고 준비를 하고 타면 됐던 거다.

놀이 공원이 너무 좋았다!
그냥 푹 빠졌던 거다.
미지도록 즐거웠다는 거다.
"와! 와!"만 하면 되는 줄 알았다는 거.
그렇게 준비 없이 탔다가 청룡열차에서 망했다는 거다.

"청룡열차가 원래 그런 거야!"
"너, 그것 몰랐어?"
"우리는 다 준비하고 탔는데, 너는 왜?"

밤새 '낭만의 청룡열차!'만 외치다가 왔다는 거.
'현실'이라는 청룡열차 앞에서 그 취기가 극에 이르렀던 거.

그래서 망했다는 거!

5 _

청룡열차, 아니 결혼에 대해서 물을 것은 물어야 했던 거다.
준비하고 대비해야 했던 거다.
그런데 이놈의 기분, 이놈의 낭만이 그 준비를 하지 못하게 한 거다.
사랑하기에 너무 바빴던 거다.
사랑을 전부로 믿게 하는 사이비 종교에 빠졌던 거다.
그러니 사랑의 낭만이 세면 셀수록, 순도가 높으면 높을수록
더 그 지경 되더라는 거다.
연애가 열렬하면 열렬할 수록 차질이 더 고약해지더라는 거.

'연애〉결혼' 구도의 이 아이러니.
이 아이러니가 만드는 또 다른 이 차질을 봐야 한다는 이야기다.
그리고 이 낭만의 몰준비성을 해소할 방안을 내야 한다는 거.
이제 하려는 '교제' 이야기가 그 몰준비성을 해소하게 할
방안 이야기다.
'연애〉결혼 구도'의 몰준비성을 보완할 모종의 다른 구도로
가보자는 거다.

교
제

"교제의 요지는 '내가 이 사람과 평생을 같이 갈 수 있는가?'를 알아보는 거다.
'오늘 이 저녁 데이트가 나이스하고 행복했는가, 아닌가?'가 아니다."

"서로 '기가 막힌 당신'이다. 강적들끼리 만난 거."

"'알아보기'를 통하여 보이는대로 다 깨라는 게 아니다.
깨지지 않는 결혼, 행복으로 완성시켜 가라는 거다."

교제의 취지

1 _

"낭만의 몰준비성"?

어느 하나에 집중하느라 놓치면 안 될 것을 놓칠 수 있다는 이야기.
방금 이야기는 연애에 집중하느라 결혼을 현실적으로
준비하지 못 할 수 있다는 이야기였다.
'연애〉결혼 구도'의 차질 문제.
'결혼의 준비로써' 연애가 가지고 있는 태생적인 한계의 문제라고
해도 된다.

'몰준비성'?
한마디로 '알아보기'에 있어서의 차질이다.

'알아보기'라는 준비가 전혀 없다는 거다.

'알아보기'?

결혼 생활에 들어가기 전에 해야 하는 점검 작업이다.

어쩌면 결혼을 할지 안 할지 결정하기 전에 해야 할 점검 작업.

'알아보기', '점검 작업'을 여기서는 '교제'라 부른다.

2 _

"아니어요! 우리 연애 오래 했어요."

"삼년간 교제 했어요!"

"그래서 서로 너무 잘 알아요!"

"눈빛만 봐도 알아요!"

"연애"를 오래?, 삼년을 "교제"?, 잘 "안다"?, "눈빛만"?

연애일 수 있고 교제일 수 있다.

"잘 안다"?

그것도 그럴 수 있다.

그러나 여기서 말하는 교제는 그런 교제가 아니다.

그런 잘 "안다"가 아니라는 거다.

"눈빛만으로도!"?

아니 좀 더 들어가서 보자는 거다.

3 _

여기서 말하는 교제는 '연애' 아니다.
'만나는 것' 아니다.
고유한 속성과 목적, 그리고 기능이 있는 거다.
사랑에 빠지는 것도 아니고 만나서 그냥 데이트하는 것도 아니다.
그 고유한 목적과 기능을 따라 '모종의 작업'을 하는 거다.

'모종의 작업'?
한 마디로 "내가 이 사람과 평생을 같이 갈 수 있는가?"를
알아보는 작업이다.
"오늘 저녁 데이트가 나이스하고 행복했는가?"가 아니다.
"이 사람과 평생을 같이 갈 수 있는가?"이다.

4 _

"우리 만난 게 얼마였는데요!"
"우리 얼마나 잘 아는데요!"
"눈빛만 봐도 곧바로!"
지금 그런 기분, 그런 느낌을 말하는 것 아니다.

현실을 물리적으로 파악하는 거다.
우리 두 사람이 맺어졌을 경우, 그 미래에 있어질 삶의 실체를

정확하게 예측해 보는 거다.

"우와, 재밌겠다!"
기분에 취해서 하는 그런 붕뜬 소리 같은 것 아니라는 말이다.
"이 사람과 '결혼이라는 청룡열차'를 탔을 경우"를 생각해 보는 거다.
그 경우를 꼼꼼하게 시뮬레이션 하자는 거다.
그러면서 제대로 된 결정을 하기 위해 필요한 자료를
모으는 작업도 하는 거다.

5 _

이 교제에서 생각해야 할 시점?
데이트하고 연애하는 '지금'이 아니다.
기분 좋은 '지금'이 아니라는 말이다.
'정'이 소멸된 '다음'의 시점이다.
연애의 낭만이 다 지나간 '그 다음'.
'그 다음의 시점'에 있을지 모를 차질의 가능성을 생각하는 거다.

그, 그, 그 다음?
"혹시 내가 대가 치를 일이 있는지?"
"치를 대가가 있다면 그 대가는 어떤 건지?"
"그러한 대가 치르기를 내가 감당할 수 있는 건지?"
"혹시 그것은 내가 치를 수 있는 대가가 아닌 것은 아닌지?"

그런 것들을 찬찬히 알아가는 거다.

6 _

"사랑하니까 우리는 다 할 수 있어요!"
연애 감정에나 빠져 하는 그런 소리는 '아니'라는 거다.
"이 사람의 '그것'"을 한평생 보듬고 갈 수 있는지를 예상하는 거다.
그 '대가 치르기', 그 수고!
노동, 중노동이 될지 모를 그 '대가 치르기'에 대해서
철저히 현실적으로 생각하라는 말이다.
냉정하게 '이 사람과 한평생을 갈 수 있는지?'를.

7 _

교제의 기술적인 이야기다.

교제는 데이트를 하면서도 할 수 있다.
물론 연애를 하는 기간 중에도 할 수도 있다.
데이트도 아니고 연애도 아니면서 그냥 할 수도 있다.

이 교제는 그 속성이 비즈니스다.
연애를 하면서, 데이트를 하면서 교제를 한다?
교제의 순간에는 그 감상, 그 낭만을 잠시 놓아야 한다.

잠시면 된다.

감상을 내려놓고 문의를 해야 한다.

여기에 낭만적 감상이 끼어들게 하면 안 된다.

감상에 젖어 아무 서류에나 도장 찍고 사인을 하는 것 되면
안 된다는 말이다.

그냥 생각나는 대로 하는 만큼이 아니다.

만들어진 리스트를 따라 꼼꼼하게 하나씩 짚어가며
점검해야 하는 거다.

'사랑의 수고를 하지 않아도 함께 갈 수 있는 경우'.

'사랑의 수고를 한다면 함께 갈 수 있는 경우'.

'사랑의 수고를 해도 함께 갈 수 없는 경우'.

8 _

이런 비지니스가 불편하다?

그래도 해야 한다.

그 절차의 필요를 서로 이해하고 인정해야 한다.

이제 점검해야 할 항목을 세 등급으로 이야기 한다.

'절대 항목', '상대 항목', '참고 항목'이다.

절대 항목은
절대적으로!

1 _

"아니, 결혼한 사람이 무슨 '친구 여자'냐구?"

"그게 왜? 그냥 친구야, 친구라니까!"

"결혼을 했는데 그게 말이 되냐구?"

"그게 왜 말이 안 돼? 이 여자, 사람 이상하게 만드네"

"이상하게 만드는 게 아니잖아!"

"그만 둬, 그건 내가 알아서 할 거야! 뭔 여자가 이래?"

"뭔 여자!"?

2 _

"정신 나갔어? 어디 촛불 들고 광장에서 야단이야?"

"뭐라구? 당신은 개념도 없어?"

"개념은 무슨 쥐뿔! 좌빨들이나 하는 짓을!

"아니, 당신 지금 무슨 말짓거리야!"

"아니, 왜 유모차에 애까지 야단이야!?"

"이런 일일 수록 애를 데리고 나가서 역사 현장에 있게 해야지?"

"미쳤어? 지금 날씨가 어떤데!"

"남자가 개념 좀 가져!"

"이 여자가 정말?"

"이 여자!"다.

한 쪽은 태극기, 한 쪽은 촛불!

서로 '기가 막힌 당신'이다!

3 _

"당신은 누구 편이야?"

"편은 무슨 편, 말을 뭐 그렇게 해?"

"당신도 알잖아! 나도 주중 내내 직장 일로 시달리는 거.

주말이면 밀린 빨래도 해야 하고."

"뭐가 말이 그렇게 많아! 엄마가 오라면 가면 되는 거지?"

이 남자만으로도 충분히 힘들다.
그런데 지금 이 난국은 이 사람에게서만이 아니다.
이 사람 뒤에는 '가풍'이라는 게 또 있는 거다.

가풍의 갑질?
"처음에 단단히 잡아야 해!"
"처음에 잡히면 안 돼!"

서로 그러고 있다?
강적들끼리 만난 거다.

4 _

결혼 후에 '친구 여자'가 되는 게 맞고, 안 되는 게 틀리다?
촛불이 맞고, 태극기가 틀리다?
어머니가 맞고 며느리가 틀리다?
지금 그런 맞고 틀리는 것은 문제 아니다.
전혀 문제 아니다.
둘 다가 같은 성향, 같은 방향, 같은 마음이면 아무 문제 아니다.

"응, 집에 와서 놀다 가라고 해! 걔 친구들도 같이 오라고 해!"
"맞아 맞아 사람이 개념이 있어야 해!
우리 애도 개념 있는 애로 키워야 해!"

"당신은 보온병 맡아, 내가 유모차로 애 바람 막을게!"
"그럼, 당연히 다녀와야지! 주중에는 못가더라도
주말에는 어머님께 가야지!"

거꾸로 한 마음이어도 된다.
"친구 여자? 당연히 안 되는 거지!"
"당연히 우리는 그 쪽 광장이지!"
"우리 엄마가 당연히 잘못하신 거지!"
그러면 아무런 문제 없다.

알아보기, 점검, 교제의 결과!
이쪽으로든 저쪽으로든 서로가 같은 마음으로 그러고 있다?
그러면 된 거다.
절대?
그런 것은 없다.

5 _

그런데 이게 문제인 거다.
알아 봤다.
그 결과가 말 그대로 '헐!'이 된 거다.

"결혼한 남자에게 친구 여자는 무슨 친구 여자야!"?

의부증으로 직통하는 거다.
우울증으로 가는 거다.
그 아내에게 그 남편은 시한폭탄이다.
괘씸하기까지 한 시한폭탄.

"개념?"
사오년 주기로 찾아오는 선거 때마다 발발하는 정기적인 전쟁!

"누구 편?"
일이 년 넘도록 핵 전쟁급 가풍 전쟁이다.
여자의 얼굴, 검정 기미가 말을 한다.
씩씩거리는 호흡, 남자 속내의 웅변이다.

6 _

지금 어떤 것이 좋다 나쁘다를 따지자는 거 아니라 했다.
어떤 게 맞다 틀리다를 이야기하자는 거 아니라 했다.
현실이 그렇다는 것을 보자는 말이다.

나쁜 마음 가지고 있어서가 아니다.
사람이 모질고 악해서 그런 게 아니다.
말을 안 들으려고 하는 게 아니다.
자기로서는 너무 낯설어서 그런 거다.

사랑이고 뭐고, 이것은 너무 낯설어 도무지 납득이 안 된다는 거다.

견딜 수 없어서 그러는 거다.

서로 기가 막히는 거다.

대화를 잘 해서?

설명을 잘 하고 설득을 잘 해서?

그게 안 되는 사안이라는 거다.

그것을 바꾸는 것 보다는 차라리 혈액형을 바꾸는 것이

더 쉽다는 말이다.

혈액형을 바꾸는 것보다 더 어렵다?

그러면 답은 나온 거다.

이런 것은 '절대'라고 봐도 된다는 말이다.

어지간해서 차질을 피해갈 수 없다는 거다.

사랑하는 기분에 "문제 없다!" 할 수 없는 거다.

정말 잘 봐야 하는 거라는 말이다.

상대 항목은
상대적으로!

1 _

"돈 좀!"

"엉! 무슨 돈? 십일 전에 회사에서 월급 들어 왔잖아?"

"십일 전이잖아!"

"어, 그 참! 이거는 내가 급할 때 써야 하는 건데. 자, 여기!"

한 주일도 못 되어서, 또 "돈!"

"엉! 무슨 돈? 줬잖아, 얼마 전에…"

"그거 다 썼지!"

"아니 그걸 벌써 다 쓰면 어떡해? 이제는 가불해야 하는데."

어리둥절!

그러나 처음에는 별일로 생각하지 않았다.

"갓 결혼해서 급한 살림에 돈 들어가는 데가 있겠거니." 했다.

그런데 웬 일?

계속 계속 내어 놓으란다!

2 _

이 사람네는 월급으로 사는 가정이었다.

월급을 받으면 하루에 삼십 분의 일.

혹시 중간에 돈 들어갈 일이 있다?

그 돈은 또 따로 떼어 놓고 쓰는 거였다.

그것이 그 가정 경제의 기본이었다.

저 사람네는 달랐다.

가게를 하는 집이었다.

내일 돈이 들어올 게 있다?

오늘 보이는 돈은 다 쓰고 더 써도 되는 거였다.

여기서도 어떤 게 좋다 나쁘다를 이야기하자는 것 아니다.

둘이 다 같으면 된다는 거다.

같이 집안 살림을 거덜 낸다?

그건 그 때 문제다.

지금 여기서 문제될 것은 없다는 말이다.

그런데 그게 다르다?
이거, 문제가 크게 되는 거다.

"돈 좀 쓰는 거 가지고 뭘 이리 야단이야!"
"햐~ 이 여자 클이네!" 난리나는 거다.

그러나 '친구 남자, 친구 여자' 정도의 심각한 항목은 아니다.
지내다 보면 낭비의 결과에 대해서 스스로 눈치채는 날이
올 수도 있다.
잘 이야기한다?
그러면 알아듣기도 한다.

아내는 자기가 쓴 것이 낭비 아니라는 것을 잘 설명한다?
"아! 내가 모르는 게 있었구나!"
그렇게 되기도 한다.

돈 쓰는 패턴의 차이?
쉬운 일은 아니다.
그러나 그렇게 '절대'처럼 꼭 안 될 일은 아니다.
그래서 상대 항목이다.

3 _

"애를 왜 때리고 그래! 당신 야만인이야?"

"야만인? 당신이 그렇게 물러터지게 하니까 애들이 이 모양이지!"

아이들 혼내주는 것에 대한 생각의 차이다.

여기서 묻는 것 역시 야만적인 게 좋으냐 문명적인 게 좋으냐가 아니다.

둘 다 한 마음으로 야만적으로 한다?

그러면 된 거다.

둘 다 한 마음으로 문명적으로 한다?

그 또한 된 거다.

일단 둘이 한 방향으로 간다?

그러면 차질은 없는 거다.

그런데 둘이가 서로 "알 수 없는 당신이다!"?

그 때부터는 아이가 잘했고 잘못했고 하는 것은 전혀 문제가 아니다.

이제 자기 둘이서 새 싸움질(?)을 시작하는 거다.

연애할 때는 상상도 못하던 과격 발언이 마구마구 쏟아져 나온다.

"야만인!", "물러 터져!"

자존심 한 자락 남겨 두지 않을 조짐이다.

하지만 마음을 조금만 내려놓는다?

그러면 슬금슬금 자리를 잡는다.

사실 야만인의 마음도 편할리 없는 거다.

물러터진 사람도 자기가 백프로 정답 아닌 것은 안다.

그러니 길이 그렇게 꽉 막히는 것은 아니다.

그래서 그런 것도 상대 항목이다.

4 _

방마다 어지러이 흩어져 나뒹구는 이 '카오스'?

이쪽은 머리가 아픈 거다.

두통이 오는 거다.

그런데 저쪽은 그게 영 아니다.

그런 것 가지고 왜 그러는지 정말 모르겠다는 거다.

"여기가 무슨 훈련소 내무반이야?"

여기서도 깔끔한 게 좋고 안 깔끔한 게 나쁘고 하는 이야기 아니다.

둘이가 다 같으면 아무런 문제가 아니다.

그런데 그게 아니다?

그러면 이 또한 어지간한 문제가 아니라는 말이다.

잠시 들렸다가 다른 곳으로 갈 곳이 아니다.

다른 데 들렸다가도 결국은 매일 들어와야 할 집이다.

정리 정돈에 대한 생각에 차질이 있다?

이거 힘들어 지는 거다.

그러나 이거 역시 마음만 먹으면 길이 생긴다.
깔끔한 쪽에서 알아서 먼저 슬금슬금 치우면서 좀 참으면 된다.
어쩌면 저쪽에서도 좀 움직여 주는 수가 있다.
돼지우리처럼 되어 있는 공간을 좋아하는 사람은 없으니까.

5 _

"당신 진짜 이런 줄 몰랐어!"
"나도 당신이란 사람 이런 줄은 정말 몰랐어!"
그렇게 자존심 긁고 있다?
그래서 훅! 하는 차질이 될 수 있다는 말이다.
그러나 그런 정도를 가지고 '함께 가느냐 마느냐'를 묻는 것은
잉여스럽다.
그래서 이런 상대적인 것들은 상대 항목으로 잡는 거다.

참고 항목은
참고로!

1 _

이 또한 "헐~!"이다.
그러나 믿을만한 소식통이다.
"화장지 땜에 싸우다가 이혼 했단다!"
"치약 가지고 싸우다가 이혼 했단다!"

화장지를 어느 방향으로 꽂느냐가 문제였단다.
"화장지를 왜 안으로 걸어?"
"당신, 왜 화장지를 밖으로 거냐구?"

치약을 짜는 부위가 문제였단다.
"아래에서부터 짜 올라가야지."

"뭐 그런 걸 가지고 신경 써, 바쁜데 그냥 잡히는 대로 짜면 되지."

2_

"커피에 왜 그렇게 단 걸 많이 타!"
"아, 쫌, 먹는 것 가지고 그러지 마. 짜증나게!"

"불이 너무 밝잖아!"
"밝으면 좋잖아!"

"그 음악, 시끄럽잖아, 차만 타면 머리가 아파 죽겠네!"
"차 타고 그냥 가면 심심하잖아!
박진감 있고 좋잖아!"

"뭘 그리 꾸물거리고 있어? 빨리 나와!"
"이렇게 바쁘게 화장하고 있는 것 보면서도 그런 소리가 나와?"

이런 거?
이렇게 안 맞는 게 백개 천개 정도가 아니다.

이십년, 삼십년을 살았다?
그래도 이 신기한 괴물들은 계속해서 발견된다.
아침 저녁, 시도 때도 없이 나타난다.

생애 주기를 따라 그 내용을 달리하며 계속,
계속 "to be continued...!"

처음에는 아니었다.
그런데 애기를 가지니 나타났다.
아이가 크니까 나타났다.
갱년기가 오니까 나타났다.
아이고, 며느리를 보니까 이제야 나타나는 거!
전혀 예고편이 없는 거다.

일생을 두고, 두고, 두고 나타나니 한도 끝도 없어라!

3 _

여하튼 자기하고는 안 맞는 거다.
"아! 이 사람 왜 이래?"
갑갑하고 답답하고 짜증나는 거다.
"아, 정말 이 인간!"
아! 같은 것이 하나도 없는, '우리 서로의 기막힌 당신'!

4 _

소소한 것들이다.

202   결혼이 사랑에게 말을 하다

무슨 큰돈 들어서 그러는 것도 아니다.

무슨 큰 힘을 들이자 해서 그러는 것도 아니다.

인생에 큰 축내는 것 아니다.

그러니 절대 항목에는 근처에도 못 가는 거다.

상대 항목 축에도 못 끼는 거다.

진짜 아무 것도 아니다.

그런데 그런 걸로 이혼했다니까 말이다.

믿을만한 소식통이 전해준 소식이라는 거.

시작은 사소했다.

그런데 그런 것에도 일단 걸리면 크게 넘어질 수 있더라는 말이다.

그래서 미래는 아주 험악 광대한 것 되더라는 거!

그러니까 삼가 조심은 해야 하는 거라는 말이다.

유념은 해 두어야 할 항목이라는 거.

참고는 하고 있어야 할 항목이라는 거다.

5 _

이게 다 처음에는 그냥 '어?' 정도일 뿐이었다.

그런데 시간이 가면서 계속 눈에 보이는 거다.

"이 사람, 이거 자꾸 그러네!"

"아니, 계속 그러겠다는 거?"

처음에는 약간이었다.

약간 편하지 않았다는 말이다.

그래서 처음에는 별생각 없이 한 마디 하는 정도.

"화장지 왜 그렇게 걸어?"

그렇게 말을 하면 백프로 동의하면서 순간적으로 변화가 확!

일어나는 줄 알았다.

그런데 오 마이!

이게 의외로 그렇게 간단한 것이 아니었다.

저쪽에서는 저쪽 나름대로 깊은 뜻이 있었던 거다.

깊은 뜻?

"안 그래도 변기 옆이 좁은데 밖으로 걸면 더 좁게 되잖아!"

이쪽에서는 이쪽대로 또 이유가 있었던 거다.

"아니 밖으로 해야 확 하고 잡기 쉽잖아!"

그쪽의 깊은 뜻과 이쪽의 만만찮은 이유가 서로 있는 거였다.

승패를 갈라야 할 아마겟돈 전쟁 요인들은 아니다.

담배 꽁초에 붙은 불처럼 그냥 문지르면 간단히 꺼질 일들이다.

그런데 그 상황에서 방향 잃은 말들이 한 두 마디 튀어 나간다?

그 담배 꽁초불?
순식간에 대형 산불 되는 거다.

아직까지 해결되지 않는 상대 항목이 있고 절대 항목이 있다?
이 꽁초불이 거기에 옮겨 붙으면 대형 화재 되는 거다.
그 파괴력?
이제는 상대 항목, 절대 항목 "저리 가라!" 되는 거다.
그래서 조심해야 하는 거다.

이런 것을 가지고 한 평생 같이 '갈거냐 안 갈거냐'를 결정한다?
그럴 일은 없는 거다.
그러나 대비는 해야 한다는 거다.
이것도 알아두고 들어가는 것이 유익하다는 거.
이런 것들이 수도 없는 그 참고 항목이다.

교제의 의미

1 _

영원히 "옵빠!"일 줄만 알았다.
하늘의 별을 딛고 따야 따올 수 있는 별도 따오겠다던 게 '옵빠'였다.
내가 좋다면 나보다 더 좋아하던 '애'였다.
그런데 이제는 서로가 "이 사람, 왜 이래?"가 된 거다.
그러다가 드디어 "이 인간, 왜 이래?"가 된 거다.

핑크 렌즈에 색상이 바랜 거다.
상대에 대한 신비감이 소멸된 거다.
이런저런 것들이 제대로 보이기 시작하더라는 말이다.

이 이야기는 '그 다음'의 상황에 대한 것이라고 했다.
'정'이 소멸한 그 다음의 상황.
핑크 렌즈를 벗고 보게 될 그 때의 실제 상황.

교제를 해야 한다는 것?
'그 다음'의 상황을 미리 당겨서 보라는 거다.
'갑자기'가 되면 안 되는 거라는 말이다.
대비를 해야 할 것은 대비하고 유념해야 할 것은 유념하고
들어가라는 거다.

연애를 폐하자는 게 아니다.
교제의 절차를 더하자는 거다.
그래서 결혼의 완성도를 높이자는 거.

"'연애〉결혼 구도'의 몰준비성을 보완할 모종의 다른 구도로 가보자!"
했다.
한 마디로, '교제〉결혼'의 구도를 이야기하자는 거다.

절대, 상대, 참고?

몇 개만 쓴 거다.
바이블이 아니다.
고정된 것 아니다.
몇몇 예일 뿐이다.

"아, 저런 것들을 보니 나는 이런 것도 점검하고 들어가야겠구나!"
그렇게 생각하며 더하라는 거다.
여러분의 점검 항목은 여러분들이 만들어야 한다는 거다.
그렇게 여러분 점검 항목은 여러분들이 더 완성시켜가야 한다는
말이다.

4 _

"이 사람이 나와 평생 같이 갈 수 있는 사람인가?"
지금, '그 사람'을 알아보라고 했다.

그런데 여기서 생각해야 할 것이 하나 더 있다.
교제는 저 쪽을 알아보기 위한 것만은 아니다.
이 교제는 동시에 '나를 알아보는 것'도 되어야 한다는 거다.

나를 알아본다?
내 사랑의 실력, 내 사랑의 능력 범위에 대해서이다.

"내가 그 사람을 어디까지 사랑할 수 있는가?"

"내가 어디까지 사랑의 노동을 할 수 있는가?"

"내가 어떤 것을 보듬을 수 있는가?"

"내가 어떤 것을 보듬을 수 없는가?" 하는 거다.

나, 나에 대한 거다.

다른 사람은 되는데 내가 안 되는 것이 있어서다.

반대로 다른 사람들은 안 되는데 내게는 되는 것이 있어서다.

바람피는 것, 소위 불륜 이게 압권이다.

이게 내게는 안 된다, 절대로 안 된다!

그런데 "몇 년이 걸려도 이 인간, 사람 만들어 놓고 말겠다!"고

작심하는 사람도 있다는 거다.

"왜 들켜, 이 등신아! 왜 들키게 하느냐 말이야! 할라면 똑바로 하지!"

그러는 사람이 있다는 말이다.

나는 어림도 없는 데 그 사람은 그게 된다는 거.

5 _

법적으로 윤리적으로 도덕적으로는 맞고 틀리고가 분명히 있다.

그러나 결혼은 법이 아니고 윤리가 아니고 도덕이 아니다.

'1+1=1'의 결혼은 세상의 모든 법과 윤리보다 백만배나 더 크다.

'그것'에 대하여 '되고, 안 되고'에 대한 절대 정답,

절대 기준이라는 게 없다.

오직 있는 것은 '그것에 대하여 내가 어떤지?'에 대한 거다.

'그런 것들'까지 보듬고 그 "사십 오년"을 갈수 있는 '나'일 수 있다.

하지만 사십 오년은커녕 화장지 방향 가지고 일 년도 못 갈 수 있는

'나 일'수도 있다.

그 '나'를 알아보라는 거다.

그걸 더해서 판단을 하고 결정을 하라는 거다.

"나, 내가 그런 사람의 '그 부분'을 보듬고 평생을 갈 수 있는지?"

6 _

아무래도 내게 안 되는 거다?

그러면 나는 그 청룡열차 타는 것 아니다.

몰라서 올라탄다?

알면서도 아쉬운 마음에 올라탄다?

그러면 '폭망 예약'이 되는 거다.

내가 이기적이어서가 아니다.

내가 나쁜 사람이어서가 아니다.

내게 '정', '애정', 그 '사랑' 그런 것이 없어서가 아니다.

'나'는 그렇다는 거다.

'나의 본래'가 그렇다는 거.

내가 안 된다는 거다.

내게 '그' 대가 치르기, '그' 사랑의 수고는 안 된다는 거.

안 되면 안 되는 거다.

결혼은 낭만이 아니어서 하는 말이다.

7 _

"겨수님 말씀 듣고 깼어여! 잘했쪄?"

알아보니까 "이게 아니다!"

그러니까 막 깨라?

그건 또 아니다.

보이는대로 다 깬다?

그러면 같이 갈 사람이 세상에 하나도 안 남을지 모른다.

차질들이 보이면 차질을 해소할 여지가 있는지도

함께 찾아보라는 거다.

존중이 안 되면 인정, 인정이 안 되면 이해하는 쪽으로

조정도 해 보라는 말이다.

깨라는 게 아니다.

깨지지 않는 결혼으로 완성시켜 가라는 거다.

그래서 행복이 완성되는 결혼되게 하라는 거다.

신
화

"좋은 남편이란 있는 아니라. 만들어야 하는 거다.
"좋은 남편은 발견하거나 발굴하는 게 아니라 발명하는 거다."

'좋은 남편 신화'에서 깨어나는 순서가 행복의 순서다."

"비전은 비전을 만드는 사람에게만 그 몫이 주어진다.
비전 타령에 돌아갈 비전의 몫은 세상에 없다."

"이것 저것 다 '나' 아니라 하면 '양파까기' 되는 거다.
사실 '내가 나로 못 산 나', 그런 '나'라는 건 있는 것 아니다."

"말이 맞는지 틀리는지 하는 것은 말의 내용이 아니라 말의 결과로 결정된다.
말의 내용이 맞더라도 그 말하는 사람으로 내가 맞는지.
그 외에도 그 말의 시점, 그 말의 자리도 봐야 한다는 거다."

"'들음직도 하고 해봄직' 한 신화들!
그러나 그것을 신봉하며 따라 가는 날, 그 날들에 정녕히 있을 것은 '쪽박'이다."

'좋은 남편' 신화

1 _

나의 연이은 착한 행실에 감격 한 나머지 꽁이가 내게 그랬다는 거.
"명품 남편이야!"
엊그제 은퇴를 했으니 까닥하면 '삼식이 할배'다.
그런데 나는 지금 주눅 든 삼식이 할배 아니고 우아한 명품 남편이다!

이미 알듯 나는 빨래도 참 잘한다.
흰 빨래 검은 빨래 분리하는 것도 얼마나 잘 하는지 모른다.
그물망에 넣을 것 안 넣을 것 구별도 너무 잘한다.
건조기에 넣을 것 안 넣을 것 구별하는 것도 정말 천재적이다.

청소도 너무 잘한다.

"와! 남의 집 같으당!"이다.

꽁이의 찬탄?

이것은 픽션도 패러디도 아닌 절대 실화다.

이러한 운명적 현실 때문에 동네 남자사람이들(?)에게는

'공공의 적 제일호'.

대신에 여자 사람이들에게는 레알(?) 로망이다.

'이마고데이', '기교연'으로 미국에 와서 놀다간 우리 또르르들이

"이 모든 일의 증인"이다.

2 _

그러니 우리 여자사람이 또르르들이 하는 말?

"겨수님 같은 남편 만나고 싶어여!"

"겨수님 같은 좋은 남편 만나고 싶다?"

이거 아주 바람직하고 훌륭한 생각이다.

"그러려면 사십년 전에 태어났었어야징!"^^

3 _

어쩌다 그런 좋은 남편을 만난다?

그것은 분명 대박이다.

그런데 자기가 그런 행운을 직접 잡을 수 있을 것 같지는 않다?
이리 저리 찾는 거다.
용하다는 아줌마한테 가보는 거다.
"한 눈에 보면 딱 안다!"는 결혼 전문회사 사장님에게도 가보는 거다.
어떻게든 "만나려 하는 거".
저 안타깝고도 절박한 마음!

4 _

그런데, "좋은 남편을 만난다!"
이 말?
뻥이다.
완전 뻥이라는 말이다

"아니! 좋은 남편 만나야죠! 무슨 말씀이세염?"
"아니라니깐!"
"아니, 그게 왜 아니냐구여?"

당연히 그렇게 만나야 한다고 생각한다.
우리 인류가 다들 그렇게 생각하고 있다.
인류가 다?

그러니 그게 신화다.

집단 허구 의식이라는 거다.

5 _

신화가 아닌 진실의 실체?

그것은 "좋은 남편이라는 것은 없다!"는 거다.

완제품으로 출시되는 좋은 남편이란 세상에 없다는 말이다.

있다면 플라톤의 저 이데아 세계에나!

"세상에 나쁜 개는 없다"?

나쁜 개?

나쁜 개가 있다면 그것은 우리 사람들이 그렇게 만들었다는 거다.

"세상에 좋은 남편이라는 것은 없다!"?

그게 그 이야기다.

처음부터 좋은 남편이란 있는 게 아니라는 말이다.

좋은 남편이란 것은 만들어야 하는 거라는 말이다.

결혼해서 이제 만들어야 하는 거라는 이야기.

"좋은 남편 있던데!"

있다?

그러면 그건 수고해서 누가 만든 거다.

누가?

아내가!

6 _

기름으로 치면 끈쩍하고 시꺼먼 원유(原油)다.

그 처음은 지저분한 거다.

원유가 몸에 묻고 옷에 묻으면 짜증나는 거다.

그런데 이게 좋은 정류 공장 만나 정류 과정을 잘 거친다?

그래서 완제품이 된다?

'좋은 기름' 되는 거다.

좋은 개솔린?

처음부터 '그냥' 있었던 게 아니라는 거다.

'만들어서' 좋은 것 되어 지금 그렇게 있다는 거다.

"좋은 남편은 발견하거나 발굴하는 게 아니라 발명하는 거"라는
말이다.

7 _

알콩달콩 연애도 했다.

교제를 통해 꼼꼼히 짚어 보기도 했다.

그래서 '1+1=1', 하나 되기로 했다!

보니 원유가 어지간하다?

그러면 이제부터는 만드는 거다.

뭘 잘못 주웠다고 아옹다옹 할 것 아니다.

누가 갖다 줬는데 마음에 안 든다고 짜증낼 일도 아니다.

삼사 년 뒤에도 엉망이다?

그것은 자기 잘못이다.

"그 긴 기간 동안 잘 만들지 않고 뭐 했노!"^^

이 이야기?

남편쪽 이야기만 아니다.

쉽게 가자고 남편 이야기로만 쭉 내리 쓴 거다.

아내쪽에서 이야기해도 마찬가지다.

"좋은 남편 만나고 싶어요!"

그런 신화 신봉은 안 된다는 말이다.

이 '좋은 남편 신화'에서 깨어나는 순서가 행복에 이르는 순서다.

넌센스,
'헬' 신화

1 _

갑자기 "이 지구상에서 제일 좋은 나라!"라고 한다.
그런데 바로 얼마 전이다.
우리는 여기저기 오통 "헬"이었다.

"이번 여름은 돈이 없어서 일본밖에 못 갔어."
그래서 "헬"이었다!
"돈이 없어서 뷔페밖에 못 갔다."
그래서 "헬"이었다!
일본밖에 못 가서 헬?
뷔페밖에 못 먹어서 헬?

일본씩이나 가고 뷔페씩이나 먹는 넌센스, "헬"?
이 "헬"을 만든 사람들의 맹활약은 실로 경이로운 것이었다.

2 _

이거?
거짓말이었다.
집단 허구 의식이었다.
신화였다.
그 정도를 '헬'이라 하자고 고생스럽게 성경에 지옥이 있는 것 아니다.

여튼, 문제는 이 '헬 신화'가 결혼에도 들어 왔다는 거.
너도 나도 그러고 있었다는 거다.
결혼이 'N포'의 대표 항목으로 자리 잡고 있다는 거.

3 _

"왜 그러니?"

'30대 대표의 변(辯)'이다.
"교수님.
한 때 욜로(yolo: you only live once)라는 말이 유행 했었잖아요?
제가 그냥 일반 직장인 삼십대로 살아보면서,

왜 그런 말이 나오는지 알겠더라고요.

앞에, 미래에 대한 그림이 안 그려지니까.

정말 당장에 오늘, 내일만 바라보고 사는 거 같아요.

연애도 마찬가지인 것 같아요.

결혼을 하면 집을 구해야 하는 문제, 애기를 키워야 하는 문제가
너무 겁이 나고 제가 가진 돈으로 또 이후에 벌어들일 돈으로는
턱없이 부족해 보여서 상상을 못하겠어요.

(예전엔 더 어려웠어도 그렇게 생각을 안 했다고들 하지만요.)

그래서 이성과의 교제도 멀리 보기보다는 그냥 오늘 좋은 것을
택하게 되는 것 같아요.

오늘만 있는 게 제가 요즘 느끼는 저의 연애의 태도고
제 주변 사람들도 그러는 것 같고.

그렇기에 결혼이 덜 와닿고 결혼에 동반되는 어려움에 대한
고민도 줄게 되는 것 같아요.

예비 독자는 이런 고민을 하고 산다는 걸 말씀드리면 ㅎㅎ
글을 쓰시는데 도움이 될까하여 전달 드립니다."

4 _

생각해 보면 안다.

시뮬레이션을 해보면 금새 그림이 나온다!

"헬"의 종교에 귀의해서 혼자 살기로 했다는 거!

그래서 한 삼십년 후다.

혼자 살았더니 집을 샀다?

혼자 벌고 모아 돈을 번다.

그래서 그게 집이 됐다?

"장가들어야 돈이 모아져!"

어르신들의 그 말, 절대로 빈말, '라떼말(?)' 아니다.

결혼하면 버는 사람도 둘인 것을 생각해야 한다.

둘이, 셋이 되어야 정신을 차리고 안 쓰는 돈이 있다.

집?

그게 걱정되면 하루라도 더 빨리 결혼하는 게 낫다.

삼십년 뒤 형국으로 시뮬레이션 해보면 금방 답이 나온다는 말이다.

"애 키우는 것이 걱정"?

그래, "헬"이라던 지난 20년간 애들 다 굶어 죽더라?

돈 없어 학생들이 학교 밖으로 다 나앉더라?

그게 다 신화였던 거다.

5 _

"우리에게 비전이 없잖아요!

비전을 보여 주세요! 비전을 보여 달라니까요!"

아니 이 언니. 오빠들아!
비전이라는 게 누구한테 그렇게 얻는 거라니?
비전이라는 게 누구에게 뭘 보여 주고 말고 하는 영화 같은 거냐궁?

비전?
그것은 자기가 만드는 거다.
자기 비전은 자기가 만들어 자기가 가지는 거라는 말이다.
남이 만든 것 주고 받고 하는 것 아니라는 말이다.
그렇게 얻고 빌려서 가지는 거라면 그것은 비전이 아니라 푼돈이다.

"나, 토익 성적 좀 올려 줘요!"
말이 안 되는 거다.
자기 성적은 자기가 만들어 가져야 하는 거다.
누가 올려 주고 말고 하는 게 아니라는 말이다.

6_

비전은 비전을 만드는 사람에게만 그 몫이 주어진다.
비전 타령하는 사람에게 돌아갈 비전의 몫은 세상에 없다.

떨리움 없이 시작된 결혼?

이런 걱정, 저런 걱정 하나 없이 시작된 결혼?
인류의 결혼 역사가 시작된 이래로 그런 결혼은 없다.

떨리움은 떨리움이고 걱정은 걱정이다.
떨리니까 정신을 더 차리고 해야 하는 것이 결혼이다.

떨려서 걱정에 먹힌다?
도망갈 생각만 한다?
일본 가서 뷔페를 먹으면서도 "헬" 그러고 있을 언니, 오빠들이다.

떨리는 것은 떨리는 거, 걱정되는 것은 걱정되는 거로 갈라치는 거다.
내 비전은 내 비전대로 따로 만드는 거다.

"헬이라구?"
"아니, 우리 다 그렇게 생각해요!"
"다"라니까 신화라고 하는 거다.
집단 가짜인 거다.
얼른 깨고 나와야 한다.
그거, 행복을 기죽이는 신화다.

양파까기,
'자기로 못 산' 신화

1 _

'자기로 못 산 신화'?
"자기가 자기로 살지 못했다."고 하는 신화다.

일생이 그랬다는 거다.
태어나서는 누구의 딸, 결혼해서는 '누구의 아내'.
남편이 죽고 난 후에는 '누구의 어머니'였단다.
'딸'이 살고 '아내'가 살고 '어머니'가 산거지 '자기'가 산 게 아니었단다.

자기 이름이 없었다는 정도가 아니다.
존재가 없었다는 거다.

허망한 인생이었다는 거다.

억울하고 분하다는 거다.

결혼, 이것이 자기를 딱 그렇게 만들었다는 거다.

"'자기'로 못 살았다!"?

자기 하고 싶은 것 하지 못하며 살았다는 거다.

직장?

사회생활?

그런 것은 차라리 사치스럽다는 거다.

기본적인 취미 생활조차 못했다는 거다.

밥하고, 빨래하고, 청소하고, 애들 챙겨서 학교 보내고.

그렇게 하루 지나고 잠자고 깬다.

그러면 또 밥하고, 빨래하고, 청소하고, 애들 챙겨서 학교 보내고.

그러다보니 어느덧 갱년기도 지나고.

'둥지 증후군'!

"이게 무슨 꼴?"

'안 되는 거'라는 거다.

이게 다 결혼 때문이라는 거다.
결혼은 절대로 불행이라는 거다.
'졸혼'으로라도 속히 정리를 해야 할 괴물이라는 거다.

3 _

그런데 웬 걸!
듣고 있던 남편이 같은 술을 뜨는 거.

자기도 분하단다.
태어나서는 누구의 '아들'로 살았고
결혼해서는 누구의 '남편'으로 살았단다.
아이들이 커서는 누구의 '아버지'로,
나중에는 누구의 '할아버지'로 살았단다.
공부할 때는 학생.
원 세상에!
군에 가서 처음에는 이병, 일병, 졸병으로 살았던 거란다.
제대해서 직장에 들어간 후로는 '신입 사원'이라는
이름으로부터 해서.

손아래 직장 상사에게도 온갖 자존심,
배알 다 빼고 산 날들이 억울하단다.
자존심 다 죽이고 '자기' 없이 '거기'에 맞춰 살았단다.

'존재의 의미'를 묻는다?

자기가 살고 싶은 대로 산다?

그러다가는 깡통 차게 돼서 그렇게 못 산 게 '자기'였다는 말이다.

식구들 먹여 살리느라고 노예 살이 했단다.

자기로 살지 못해 뒤집어지게 억울하다는 거다.

그러고 보면 이쪽저쪽 다 동일하게 큰 난리 난 거.

4 _

그건 그렇고, 그래서 아내?

자기 삶을 살기로 했다는 거.

'자기 살기'를 이행하기 위해서 직장 나갔다는 이야기.

그 직장에서 '자기로' 산다?

"직장에서 '자기'로 살았다!"

진짜?

혹 이 세상에 그럴 수 있는 곳이 있을 수도 있다.

그러나 우리가 해 봤으니 잘 안다.

직장이 '자기 살이' 해주려고 자기를 모셔 가는 곳이다?

어려운 노릇이다.

거기 가면 거기는 또 거기대로 '자기'가 아니라 '거기'가 있는 거다.

'신입 사원'이라 이름하는 그것으로부터 시작되는 또 다른 '거기들'.

거기에도 '거기'가 있을 뿐 '자기'라는 건 거의 없다는 이 얄궂은 진실.

남자도 억울한 걸로 말하면 그렇다는 거.

5 _

이것저것 다 '나' 아니다?
그렇게 까다보면 '양파까기' 되는 거다.
끝까지 까봐야 '나'라는 것이 안 나오는 거다.
"내가 나로 못 산 나"?
사실 그런 '나'라는 게 있는 것 아니라는 말이다.

아이들에게 엄마, 아빠로 산 거?
그게 '자기'로 산거다.
'남편이라는 나'로 산 거, '아내라는 나'로 산 거라는 말이다.

이리저리 자기 마음대로 하지 못했다?
맞다.
힘들었다?
완전 맞는 말이다.
그런데, 그게 "내가 나로 살지 못한 거"다?
'노예 살이'한 거다?
그건 '아니'라는 거다.

노예 살이 아니라 아이들 보듬어 준 거다.

남편 보듬어 준 거다.

아내 채워 준 거다.

그렇게 아이들이 아이들, 남편이 남편,

아내가 아내 되게 지원해 준거다.

보듬어 자기 되게 해 준 거?

"세상에서 제일"이라고 하는 '사랑'한 거다.

세상에서 할 수 있는 '제일의 자기를 한 것',

그 이상이 없는 '자기를 한(doing self)' 거다.

그게 '자기'로 산 거라는 말이다.

그런데 그것을 '자기'로 못 살아 억울하고 원통하다?

그러고 있으니 답이 없다는 말이다.

내가 치른 대가로 아이들이, 남편이, 그리고 아내가 행복해 한다?

그 행복을 보고 내가 기뻐했어야 하는 거다.

그렇게 자기가 행복했어야 하는 거다.

"내가 나로 못 살고 '노예 살이' 했다!"?

그건 진짜 노예들이나 하는 소리다.

빨리 깨고 나와야 행복에 이르게 될 신화라는 말이다.

하나도 안 맞는
'맞는 말 하기' 신화

1 _

맞는 말?
'바른 말'이다.
말만 맞으면 말이 맞는 줄로 잘못 아는 것에 대한 이야기다.

2 _

"그래, 할 말은 하고 살아야 해!"
"맞아. 맞는 말이면 해야지!"
"맞는 말을 못하면 어떡하니?"
"맞는 말을 안 하는 건 말이 안 되지?"

할 말을 못하는 것?

분명히 불행이다!

그러나 더 불행한 것은 맞는 말을 못하는 거다.

결혼?

여기서 맞는 말을 못하게 된다?

그러면 이게 딱 그 불행으로 간다는 거다.

3 _

"말이 맞으면 말을 하는 거다.

전혀 문제될 것 없다.

그런데 그것이 문제가 된다?

그러면 그 문제에 대해서 또 맞는 말, 바른 말을 하는 거다."

그런 소신을 결혼 생활에 그대로 가지고 간다?

들어가 보면 금방 안다.

마구 꼬이는 거다.

'난리'가 나는 거다.

이론이 어떻고 저론(?)이 어떻다는 게 아니다.

경험이 그렇다는 거다.

그 집안, 그 결혼에 행복?

근처에도 안 온다는 거다.

4 _

"결혼했으니까 이렇게 해줘야 하는 거 아니야?"

"마누라니까 이렇게 해줘야 하는 거 아니야?"

"남편이니까 이렇게 해줘야 하는 거 아니야?"

하나도 틀린 말 아니다.

말이 다 맞으니까!

그것 다 깔끔하게 맞는 거다.

근데 이 맞는 말이 작동을 하면 분위기가 싸해지면서

뭔가 이상하게 되는 거!

말은 맞는데 하나도 안 맞는 것 된 거다.

말은 틀린 데가 '일'도 없는데 판때기가 영 안 맞는다는 거.

맞는 말의 결과가 엉망?

이것이 이 '맞는 말의 딜레마'다.

딜레마!

5 _

왜?
결혼이라는 것이 특이하듯이 '결혼에서의 말'이라는 것이
특이해서 그런 거다.

"결혼에서의 말이 특이하다."?
이게 무슨 말?
결혼에서 말이 맞고 틀리는 거?
그것은 말이 맞고 틀리고에 따라 맞고 틀리고가 아니라는 거다.
말이 맞고 틀리고에서가 아니다?
그러면?
결혼에서의 말은 말이 맞고 틀리고에서가 아니다.
말의 결과에서다.

그 말의 결과가 행복을 더해 준다?
그러면 그 말은 맞는 거다.
그 말이 행복을 밀어낸다?
그러면 그 말은 아니라는 거다.
아무리 말이 맞더라도 결과가 아니면 그것은 '아니'라는 말이다.

6 _

이렇게 이야기 해보자.

먼저, 일단 말은 맞아야 한다.
"말이 맞으니 이제 말을 해도 된다"?
그게 아니라는 거다.

이야기는 이제부터 시작이다.
"그 말을 '내가' 해도 되는 말인가?"를 생각해야 한다는 거다.
말은 맞는 말이다.
그런데 그 말을 '내'가 해서는 득도, 덕도 안 된다?
그러면 그 말의 '말'은 맞지만 말을 '말하는 것'은 틀리는 거라는 말이다.
말이 맞다고 해서 그 말을 하는 순간 싸움 나던 일이 그거다.

그래! 이제 말이 맞다, 그리고, '내가' 말하는 것도 맞다?
그래서 그 말을 한다?
그것도 아니라는 거다.
"내가 해도 되는 '그 맞는 말'을 '지금' 해도 되는 것인지?"를
생각해야 한다는 거다.
말이 맞고 내가 말하는 것도 맞다.
그런데 그 이야기를 '지금'해서는 득도, 덕도 아니다?
그러면 '아니'라는 거다.

시점도 맞아야 한다는 거다.

'말'도 맞고, '나'도 맞고, '시점'도 맞다?
그러니 다 됐다?
아직도 아니라는 거다.
더 가야 한다는 거다.
장소 문제가 또 있는 거다.
여기에서가 아니라 저쪽으로 좀 가서 말을 해야 '결과'가
제대로 나오는 말이 있다는 이야기다.
한 마디로 "그 말을 '여기서' 해도 되는지?"에 대한 것.
'장소'에서 '아니'면 그것 역시 아니라는 거다.

7_

"맞는 말은 해야 해요!"
"맞는 말이니까 할 수 있고 더 해야 하는 거잖아요!"
참으로 맞는 말이고 '개념(?)' 있는 말인 것 같다.
그런데 그것을 믿는다?
매일 얼굴 벌겋게 달아서 살게 되는 거다.
'온' 같은 사랑, '완성된 행복' 같은 것은 냄새도 못 맡는 거다.
행복이라는 제대로 된 답을 보려면 속히 깨어나야 할
신화라는 말이다.

반만 깨워 주는
'신화들'

——

1 _

처음 캠퍼스에 들어와 어리버리한 우리들.
형님들로부터 받는 지혜의 말씀들이 있다.
사실은 우리를 반쯤만 깨워주는 '결과 고약한(?)' 말씀이다.

"일학년 때 못 놀면 평생 못 논다."는 감동적인 말씀!
말씀에 따르면 일학년 때는 노는 거란다.
그런데, 좀만 가보면 안다.
성적표 떼야 할 있을 때마다 무슨 일이 일어나는지, 평생 동안!

사실과 진실은 이거다.

"일학년 때 놀면 평생을 못 논다!"라는 거다.

"휴학해서 머리 좀 식히고!"
"휴학해서 돈 좀 모아서!"

혹 머리 식히고 올 수도 있다.
혹 돈 좀 벌어 올 수도 있다.
그런데 해본 사람들은 안다.
휴학으로 머리 식히고 떼돈 벌게 해서 우리를 캠퍼스로
다시 보내 주는 세상이 아니라는 거.
그게 다 신화라는 거다.

2_

신화?
허구 의식, 집단 허구 의식이다
세월이, 시대가 그냥 다 그렇다고 믿는 거다.
그래서 너 나 할 것 없이 다 영향을 받는 거다.

조금만 달리 생각하면 곧 바로다.
"어! 이상한 거였네!"
그렇게 되는 거.

학교 신화 이야기 아니다.

결혼에 관계된 신화 이야기의 계속이다.

너무 많아서 그냥 '신화들'이라 했다.

그 중에 눈에 쉽게 띄는 것이 '잠정혼', '비혼'과 '만혼'의 신화다.

3_

"결혼식은 했는데 혼인 신고는 안 하기로 했어요!"

'잠정혼'이다.

좀 살면서 알아보고 후에 뭘 결정을 한단다.

"좀 살면서 알아보고."!

"좀 살면서 알아보고"라는 말에는 "좀 살아 보면 알 수 있다."는 전제가 있는 거다.

이 전제가 신화라는 거다.

"한 몇 달, 아니 한두 해 살아보고 안다."?

결혼이 그런 게 아니라는 말이다.

어느 정도는 알 수 있을지 모른다.

그러나 살아보면 그게 아니라는 것을 안다.

평생을 통해 모르는 것이 계속 나오는 게 결혼이다.

"아니, 이 사람 왜 이래? 며느리한테!"

이런 것은 결혼하고 삽십 년이나 지나야 보인다.

근데 그런 걸 몇 달 살며 알아낸다?
신화 숭배다.
'아니'라는 거다.

4 _

"결혼 안하는 게 좋아요!"
'비혼 예찬'이다.

"뭐가 좋은데?"
"집 걱정, 애 걱정, 구속당할 걱정 없음!"

서른, 서른 하나?
지금은 좋다.
그런 걱정 없어 좋은 것 맞다.
서른 둘, 서른 셋, 넷?
그 때도 좋다.

그런데 마흔 셋!
쉰 셋, 예순 셋, 일흔 셋, 여든 셋!
그래서 백?

그렇게 혼자 노인 되어 있는 내 모습.
그런 형편의 내 집안 꼴.
우리가 다들 그러고 있었다?
그러고 있었던 미래의 우리 동네!
'쪽박' 그림으로 답이 나오는 거다.

"비혼이 좋다"?
아찔한 신화라는 말이다.

5 _

"결혼은 늦게 하는 게 좋다!"?
이거, '만혼 예찬'이다.

"왜 좋은 거?"
"결혼 전에 자유롭게 여행을 다닐 수도 있고!"

자유!
"그러면 무슨 부자유"?
"아이!"
아이들 때문에 매인다?

그냥 연필 들고 계산해 보면 금방 안다.

스물 다섯에 아기를 낳는다.

오십이면 아이들은 다 커 혼자 다닌다.

오십에 자유다.

마흔에 결혼한다.

아이들도 우리 닮아 늦게 결혼.

칠십에나 되어야 자유다.

칠십의 자유?

그 때는 여기저기 힘들어 여행이고 자유고 없다!

시뮬레이션을 조금만 해도 답이 금방 나온다는 말이다.

어떤 셈법이 더 큰 자유를 내는지에 대한 답!

'만혼 신화'다.

이런 저런 신화들?

결혼의 큰 행복으로 가는 길에 널려 있는 걸림돌이다.

보이는 대로 길 밖으로 밀어내야 할 것이 이런 신화들이다.

추가자원

(supporting resources)

"결혼식은 이벤트가 아니라 모멘트여야 한다."

"'결혼식'은 주례자이다. 그러나 '결혼 생활'은 '멘토'여야 한다."

"'멈춤이 정답이다'. 낯선 상황에서는 더욱 그렇다."

"'멈춤', '침묵', '경청'을 이길 것은 세상에 없다."

"우리끼리만의 언어, 액션–리액션, 법, 아침–저녁이 있는 곳.
이 고유 영토가 없는 '행복의 난민'. 그런 것은 절대로 안 된다."

"Little but Big",
'결혼절'!

1 _

"아니어요!
우리 결혼식 얼마나 크게 했는데요!"
"크게"?
결혼식의 양(quantity)?

지금 물리적인 양의 이야기를 하자는 게 아니다.
질(quality)을 이야기하려는 거다.
질적인 크기!
'결혼식의 결과, 효과'를 말하는 거다.

"양적으로는 거대했다, 그러나 결과에서는 표가 나지 않았다?"

그러면 그것은 '아니'라는 말이다.

결과, 내용, 질, 표?

그것은 결국 '1+1=1'이라는 화학적 변화의 실현 지수를 말하는 거다.

결혼식이 어느 한 순간도 자기들이 '1+1=1'이라는 생각 이외의
생각을 하지 않도록 만들었다?

그러면 큰 거라는 말이다.

그게 안 됐다?

그러면 작은 거라는 말이다.

결혼식의 무게와 깊이에 대한 이야기.

2 _

우리가 혼인 서약하는 것을 본 사람은 한 둘이 아니다.

길에서 오다가다 스친 그런 헤픈 사람들 아니다.

서약에 함께 해 준 사람들은 내 인생에서 가장 중한 분들이었다.

그 귀한 시간 빼앗아 가며 모신 분들이다.

감히 그 분들 눈앞에서 했던 서약이다.

"비가 오나 눈이 오나.

죽음이 우리를 갈라놓을 때까지"

비? 눈?

그런데 비도 눈도 아니다.

아직 하늘에 구름이 낄 낌새도 없는 시점이다.

그런데 "때까지" 이후에나 일어나야 할 일들이

벌써 일어나더라는 것이다.

결혼식이 잘못 되어도 보통 잘못 된 것 아니라는 말이다.

'1+1=1'로의 전환이라는 이 표!

이 표를 못내는 것 되었더라는 거다.

3 _

"견딜 수 없는 가벼움"이라 했던가?

결혼식의 가벼움, 서약의 가벼움이 그거다.

결혼식?

삼십분, 한 시간에 끝나는 이벤트였다.

그건 아니라는 거다.

결혼식은 이벤트 아니라 모멘트여야 한다는 거다.

'그것 한 번 있음'으로 인하여 '그것 없음'로는

결코 다시 돌아갈 수 없게 되는 전환.

화학적 전환이 있어져야 한다는 거다.

주섬주섬 주어 가지고 가서 딴 것을 만들 수 있는

그런 전환은 안 되는 거다.

물리적 전환?

안 된다는 말이다.

4 _

'1+1=2'?

물리적 전환이다.

결혼식을 가지고 우리는 '1+1=1'이라는 화학적인 전환을
말하는 것이다.

짧은 '식(event)'이어서는 안 된다는 거다.

충분히 긴 '절(season)'이이어야 한다는 거다.

지금 말하는 '길고 긴 절'이라는 것은 시간의 양을
이야기하는 것이 아니다.

시간의 질을 이야기하는 거다.

5 _

아프리카 한 부족들의 성인식 이야기가 흥미롭다.

부족에서 한 소년이 '성인'이 된다고 하는 것?

그것은 대단한 일이었다.

그것은 있어도 그만 없어도 그만인 그런 것이 아니었다.
부족의 생존을 위한 먹거리의 '있음과 없음'이 달려있는 일이었다.
맹수와 적들로부터 부족의 명(life)을 보존하는 일이
달려있는 일이었다.
부족의 존망이 걸려있는 대사건이었다는 말이다.

물리적으로 변화하는 성인?
아무런 의미가 없었다.
실질적인 성인으로 변화된 성인이어야만이 의미가 있는 거였다.

소년이 한 번 성인이 된다?
이제 다시는 성인 이전의 상태로 돌아갈 수도 돌아가서도
안 되는 것이었다.
성인식은 그러한 화학적 변화를 일으켜 내는 것이어야 했다.

강당에서 하는 한 시간의 성인식!
상장을 나눠 주고 꽃을 달아주고 끝나는 그런 것 아니다.

길고 긴 날들을 통하여 소년을 성인으로 전환시켜 주는
대사건이었다.
한 '시간'이 아니라 한 '동안' 하는 것이었다.
'절기'라고 할 수 있는 거였다.

6 _

우리의 결혼이 그렇게 충분한 것이 되어야 할 필요가 있다는 말이다.
양에서가 아니다.
내용과 질, 그래서 그 결과에서다.

"추억 남기기"?
"신부가 가장 행복한 시간"?
결혼식은 그런 것이 아니라는 말이다.
'1+1=1'에로의 전환이 표가 나는 것 되어야 한다는 말이다.

7 _

나는 개인적으로 '간편 결혼식'을 선호한다.
그러나 그것은 어디까지나 'Little but Big'이 되는
결혼식을 전제로 하는 것이다.
양적으로는 간소하지만 질적으로는 큰 결혼식!

'결혼절'이라고 했다.
물리적으로 긴 시간을 요구하는 절기를 말하는 것 아니다.
질적으로 꽉 찬 시간을 말하는 것이다.
질적으로 결혼절이 되는 결혼식?
결혼의 완성도를 높이는 데 분명히 유익한 자원이 될 것이다.

이제는 '멘토'!

1_

"야! 때리 쳐, 뭐 할라고 살아!"
"맞아, 맞아!
때리 쳐, 때리 쳐!"

때리고 칠게 뭐가 그렇게 많은지.
여남은 녀석들이 한 목소리로 그러고 있었다.
즉슨, "결혼한 것을 때리 치라!"는 거였다.
서른 안팎, 딱 그 또래들끼리 모여 앉아서 한다는 말이다.

2 _

자기들로써는 그게 맞는 거다.

그렇게 '전부 다 때려 치는 것'이 답인 거다.

만장일치!

어떻게?

자기들 실력 다 모아봐야 딱 그거니까.

3 _

좀 해도 되는 후회가 있다.

시간이 가면 그냥 아무 일도 아닌 그런 후회다.

그러나 단 한 번이더라도 너무 힘든 후회가 있다.

만회도 복구도 안 되는 고약한 후회다.

후회?

값을 내야 하는 거다.

'값'을 낸다?

소득을 얻기 위해 하는 기분 좋은 투자가 아니다.

과거에 발목 잡혀서 생돈을 쓰는 거다.

4 _

"상황 파악"?
"자구책, 외주, 거기에 정직과 용기!"?
이제는 "때리 쳐!"?

자기들끼리 백만 번 모여, 있는 실력 다 발휘해도
결론은 그거라는 말이다.
그래서 그 '하나'를 때려 쳤다?
그래서 뒤집어씌워지는 덤터기는 스물, 서른이더라는 말이다.

"결혼 했으니까 우리는 어른이다!"
"우리 일은 우리가 다 알아서 한다!"?
거기서 '망(亡)'으로 가는 거다.

결혼?
그게 그렇게 자기들 실력만으로 갈 수 있는 게 아니라는 말이다.
"맞아요!
아파트 준비할 때 부모님이 좀 도와 주셔야 해요!"
지금 그런 돈 이야기 하자는 게 아니다.

살아보기 전에는 알 수 없는 것들.
겪어보기 전에 감조차 안 오는 것들.

저지르기 전에는 그것이 무엇을 의미하는지 알 수 없는 것들.
후회의 값을 내고서야 겨우 얻게 되는 지혜들.
그런 것들 이야기다.

5 _

결혼의 처음은 아는 것이 당연히 없다.
살아본 게 없는 거, 겪어본 게 없는 거.

처음을 지나 한참 간다.
그러니 이제는 아는 게 많다?
그 역시 아니라는 거다.
하세월을 지내며 지혜와 답을 모으고 또 모아가야 하는 거다.

6 _

후회를 미리 피하게 하는 것을 우리는 '지혜'라 한다.
결혼을 위한 지혜.
그런 지혜를 어디에서, 누구에게서 얻나?
그 답이 '멘토'다.

멘토?
내가 살아봐야 하는 것을 이미 살아보신 분이다.

내가 겪어서 알아야 할 것을 이미 겪어내신 분이다.

내가 모르고 저지르는 내 행동의 결과들을 이미 아는 분이다.

7 _

"교수님, 벌써 오년이 지났네요!"

"아, 그러네!"

졸업을 앞두고 대학원, 군대, 유학, 결혼!

그것들이 하나로 꿰어지지가 않는다고 고민했던 제자다.

한 삼십분을 이야기했다.

"지금 영어 실력 어디쯤인지?"

"재정 보증을 해야 할 아버님 연세는 얼마인지?"

"공부 끝난 후의 최종 목표는 무엇인지?"

우리 전공은 길이 빤하다.

그래서 답을 금방 줬다.

그 후 오년이 지났다.

유학을 떠나기 전날 연구실에 와서다.

"그 때 저는 몇 달을 씨름해도 계속 고민만 되었거든요!"

8

지금 공부 이야기 아니고 결혼 이야기하려는 거다.

내 결혼 생활에서 내가 내야 할 나의 답을 먼저 가지고 계신 분.
나는 오년, 십년 차질을 거듭해야 낼 수 있는 답.
그것을 한 두 시간도 안 되어 내게 주실 수 있는 분.
오년을, 십년을 벌게 해주는, 아니 영원을 벌게 해주시는 분.

"맞아 맞아 때리 쳐!", "정직하게! 용기있게!"?
답이라는 것 하나 주고 덤터기를 열도 더 주는 그런 사람 아니다.
내 실력으로는 견적조차 안 나오는 지점,
그 지점의 '답'도 가지고 계시는 그런 분이다

헝클어지는 우리 결혼들에 답이 없었던 거 아니다.
우리가 답을 가진 '그 분'을 모시지 않았던 거다.
결혼식은 당연히 주례자이다.
그러나 이제, 결혼 생활에서는 '멘토'여야 한다는 말이다.
멘토 모시기, 이것 분명히 우리 결혼을 '업(up)'시키는
소중한 자원이라 싶어서 하는 말이다.

'외계안(new interpretation)' 으로!

1 _

"'그런 것(?)'까지 보듬는 거"라 했다.
"교수님, 사람 아니잖아요. 천사잖아요!"
미대(美大)를 준비하는 '쩡'이 순간 반응이다.

맞다.
그건 '사람' 아니다.
사람의 생각으로는 그럴 수 없는 거다.

그러나 천사?
그것까지는 아니고 외계인 정도!

지구인으로써는 그렇게 할 수 없는 거 맞다.
지구인의 눈으로는 그렇게 볼 수 없는 거다.
그러니 외계인의 눈으로 보자는 거다.
그래서 '외계안'이라 했다.

그냥 쉽게 말하면 '좀 다르게 보자'는 말이다.
우리가 일상적으로 보는 것과는 다르게 보자는 말.
다르게 이해하자는 말이라고 해도 된다.
'그냥 보이는 대로'가 아니다.
'의도적으로 그렇게 생각해서' 보자는 거다.

결혼, 그러니까 신기한 이 '1+1=1'에서의 행복?
눈이 그렇게 외계인스러워야 가능하기 때문이다.

2 _

남편이 한 침대에서 코를 곤다!
운이 없는 거?
짜증 나는 거?
"후~ 이 괴로운 소리를 평생 들어야 하나?"

취침의 행복!
그런 것 이제는 없는 거?

지구의 사람은 당연히 그렇게 가는 거다.

꽁이.
긴 결혼식 여정 때문인가?
몇 날을 머리가 아프다며 잠을 잘 못 이루었다.
속상했다.
기도했다, "우리 꽁이 잠을 잘 자게 해주세요!"

근데 "앗!"
꽁이가 방금 코를 고는 거.

코고는 소리가 너무 반가웠다.
꽁이가 잠이 들었다는 신호다.
"앗싸, 우리 꽁이 잠들었다!"

이제는 꽁이 머리가 안 아픈 거?.
너무 기쁜 거였다.
너무 고마웠던 거.
너무 신난 거였다.

안 그래도 예쁜 꽁이.
코까지 골아주니까 넘넘 더 예뻤다.^^
나는 넘넘 행복했다!

"교수님! 사람 아니잖아요!"?
"그래 나는 '이 지구 사람이(?)' 아니다! 외계인이다!"
외계안으로 본다는 게 그거다.

3 _

"당신네 여자들은 만나기만 하면 뭘 그렇게 쓸데없이 계속 떠들으!"
"당신네 여자들은 방금 먹었는데 또 무슨 디저트를?"
"당신네 여자들은 목걸이가 몇 갠 데 또 목걸이를?"

짜증난다는 거다.
짜증나니까 행복 안하다는 거다.
그게 지구인이어서 그런 거다.

외계안으로 본다?
그렇게 떠들고, 먹고, 쇼핑할 때가 좋아 보이는 거다.

4 _

"친구들하고 만나서 좀 놀고 그래!"
"귀찮아! 애들 만나면 뭐해!"
"분위기 좋은 카페에 가서 케익도 먹고 그러면..."
"기분은 무슨 기분, 힘들어!"

"쇼핑도 좀 하고 그러면 좋잖아!"
"그냥 가만 좀 놔 둬, 뭘 자꾸 이래라 저래라 그래?"

이거, 일 난거다.
우울증 오기 말.
우울증이라는 이 블랙홀에 온 세상 다 빨려 들어가는 거다.
행복은 종적도 없는 거다.

떠들고 다니면서, 먹고, 사고!
"돈은?"
거기에 그 돈 들 때가 엄청 행복할 때라는 걸 알아야 한다.
그 돈 거기에 안 들면 딴 돈 크게 드는 거다.
우울증 병원비부터.
돈만 아니다.
행복이라는 것도 몽땅 다 싸들어 바치게 되는 거다.

떠들고, 먹고, 사고 할 때 같이 재미있어 하고 행복해 하는 것?
외계안으로 볼 때는 얼마든지 가능한 거다.

5 _

해 줘야 하는 게 너무 많다?
가르쳐 줘야 하는 게 무지 많다?

딱하고 답답하고 갑갑하고 환장 하겠다?
아직 지구인이어서 그런 거다.

해 줄 게 없고 가르쳐 줄 게 없다?
보듬어 주고 채워 줄게 없다는 거다.
대가를 치르고 뭐고 할 일이 없다는 거다.
사랑해 줄게 없다는 거다.

이런 저런 허점들?
그것은 '차질 허점'이 아니라 '찬스 허점'인 거다.
보듬어 볼 수 있고 채워 줘 볼 수 있는 찬스인 거다.

외계안으로 보면 그렇게 된다는 거다.
이거, 정말 행복 되는 자원이다.

멈춤이
정답이다!

1 _

아, 이제 풀어야만 하는 낯선 상황의 도래!

수없이 들려오는 말이다.
"대화를 하세요!"?
대화가 해결책, 그 답이라는 말이다.
그런데 지금은 그것이 아니라는 이야기를 하려는 거다.

2 _

처음에 우리는 '대화'라는 카드로 써서 학습한 것이 있다.
그게 그리 쉬운 게 아니더라는 거다.

"아! 그러셨구나!
내가 잘 못 했어! 내 생각이 짧았어!
내가 미안해!"
말 몇 마디 해서 그렇게 되는 게 아니라는 거다.
그것이 우리들의 일상 경험이다.

"이럴 줄 알았다니까!
당신같은 사람하고 말을 한다고 말을 섞은 내가 한심스럽지!"
그렇게 가기 십상이라는 거다.

3 _

"솔직하게 대화하세요!"
"용기 있게 대화 하세요!"
"숨김없이 다 쏟아 놓으세요!"
그게 아니라는 말이다.
그렇게 대화로 가는 것이 정답 아니라는 말이다.

4 _

그러면 정답은?
'멈춤'이라는 거다.
"멈춤이 정답"이라는 말이다.

265

특히 낯선 상황에서의 정답은 더 더욱 '멈춤'이라는 거다.

낯선 상황?
"아니, 당신이 어떻게 이럴 수가?"
그런 느낌이 오는 모든 것이 다 여기서 말하는 낯선 상황이다.

그런 낯선 상황이면 말을 멈추어야 한다.
말만 아니다.
생각도 멈추어야 한다.

5 _

멈춤?
'단절' 아니다.
그것은 '그 다음'을 내기 위한 기교다.

'그 다음'을 낸다!
그 '그 다음'?
그것은 침묵이다.

'침묵'?
그 침묵 역시 침묵을 위한 침묵 아니다.
그 다음, '경청'을 내기 위한 침묵이다.

내게 생각이 없어서가 아니다.

할 말이 없어서는 더욱 아니다.

하지만 일단 멈추는 거다.

침묵을 위해 멈추고, 경청을 위해 침묵하는 거다.

6 _

급할 것 없다.

우리는 결혼 한 거다.

'1+1=1'을 해서 지금 '하나'인 거다.

이 '1+1=1' 어디로 가는 것 아니다.

'그 말' 지금 안 한다고 없어지는 것 역시 아니다.

좀 멈추었다가 하면 되는 거다.

일단 저쪽 이야기를 듣고 내가 이야기해도 된다는 말이다.

7 _

들리는 대로 듣는 것 아니다.

말하는 사람 마음과 하는 말이 다를 수 있다.

마음은 그렇지 않은데 말하는 실력이 모자라서

말을 이상하게 하는 수가 있다는 거다.

꽁이가 했던 말이다.

"거기씨가 이것 하나는 꼭 알아야 해.
내가 거기씨한테 싫은 소리를 왜 해?
내가 말하는 실력이 없어서 말이 그렇게 되는 거야!
이건 꼭 믿어야 야!"

꽁이는 "주야로 내게 교훈"을 한다.
뭐 그렇게 하고 싶은 말이 많고 가르쳐 주고 싶은 게 많은지.
내가 감히 박사, 평생 교수했던 사람인데, 그것도 교육을 전공으로!

우리 결혼들, 너무 좋아서 한 거다.
그러니까 의도적으로 뭘 긁으려 작정하고 그렇게 말했던 것 아니다.
실력이 없고 말주변이 없고 승질이(?) 좀 그래서
말이 제대로 안 되고 있었던 거다.

8 _

"당신 말대로는 이거 이거 맞지?"
"응!"
"근데 혹시 진짜로 하고 싶은 이야기는 이런 이런 이야기 같은데,
그게 맞지?"
"아! 맞다!
내가 하고 싶은 이야기는 그거였어, 그거!"
그렇게 보듬어주고 채워주며 듣는 거다.

그게 사랑 담은 경청이다.

"방금 당신 말을 그렇게 했잖아!"가 아니다.
"아, 그 말이구나!"여야 하는 거다.
사랑이 지원된 경청!
멈춤으로 그것을 먼저 내야 하는 거다.

9 _

결혼은 낯선 상황의 연속이다.
바로 들어가는 대화는 정답 아니라는 말이다.
멈춤이 먼저여야 한다는 말이다.
대화를 하지 말라는 것 아니다.
대화의 우상을 섬기지 말라는 거다.
'멈춤', '침묵', '경청'으로 이기지 못할 것은 이 세상에
아무 것도 없다는 말이다.

고유 영토를
확보하라!

1 _

결혼?
어디까지나 둘만의 고유 영토다.
치외 법권 공간이다.

어느 누구도 "이래라! 저래라!" 할 수 없다.
혹시 누가 그런다?
그것은 내정 간섭이다.

이 영토에서 우리는 우리의 행복을 위해서 우리 마음대로 하는 거다.
완성된 행복!
거기에 '우주적 더함'까지!

2 _

하는 말부터가 그렇다.
우리만의 '고유어'다.

한국인들의 대규모 미국 이민이 다시 시작되던 시절의 이야기다.
집에서 어떤 말을 써야 할지에 대한 담론이 한참이었다.
"한국말을 써야 하나요?"
"영어를 써야 하나요?"
"둘 다 써야 하나요?"

"겨수님은 집에서 어떤 말이어염?"
"한국말, 영어, 둘 다"?
"한국말도 영어도 아니!"
"그러면요?"
'꽁이어'!

3 _

"은정이면 은정이지 무슨 '췬정', '린정'이얌?"
"사랑하는 친구 이름을 어떻게 쌩(?)으로 불러요!"
나는 또르르들에게 교육을 가르쳤고 또르르들은 내게
그 '사랑의 말 방식'을 가르쳐 주었다.

그렇게 배운 게 이름만이 아니다.
사랑하는 사람에게 어떻게 생소리로 말을 하느냐다.

그래서 내 혀는 짧아졌고 코에는 빵맹이(?) 소리가 들어간 거.
그리고 하는 말 하나 하나에는 음과 리듬이 있는 거.
그렇게 된 우리 영토의 언어?
이름하여 '꽁이어'다.

"오글거리게 말을 뭐 그렇게 해요?"
내정 간섭이 들어온다?
물리쳐야 한다.
우리 영토에서의 우리 언어는 우리가 정하는 거다.
아직 '꽁이어'가 없다?
빨리 세종임금님을 모셔 와서라도 '꽁이어'을 창제해야 한다.

4_

언어만이 아니다.
우리 고유 영토에서 나오는 모든 액션-리액션이 다 그래야 한다.
역시 또르르들이 가르쳐 준 것, '오바 액션 토끼'다!
"사랑하는 사람에게 하는 표현을 어떻게 그렇게 성의 없이 해요?"

사실 맛이 별로다.

그럴 때 "별로다!"?

그렇게 정직하게 가는 것 아니다.

"괜찮네!"여야 한다.

맛이 썩 괜찮다?

그러면 "좋네!"가 아니다.

여기서부터는 '오바 액션 토끼'여야 한다.

"좋네!"가 아니고 "와우!"여야 한다.

그런데 이 맛이 진짜 '와우!'다?

그러면 "와우!"가 아니다.

"대박!"이어야 한다.

조금 우습다?

허리가 휘도록 웃어 주는 거다.

조금 고맙다?

허리가 구십도는 좀 넘어야 하는 거다.

조금 미안, 조금 슬픔?

몸을 한없이 숙여 눈물이 땅에 홍수를 이루게 해야 한다.

오바 액션?

그게 우리 고유 영토의 매너여야 한다.

정직하고 정확한 액션-리액션은 우리 영토에서는 완전 무효다.

'오바'는 행복의 산실이다.

5 _

언어, 매너만이 아니다.
우리 고유 영토에서 통용되는 모든 법과 규정이 그래야 한다.
다른 사람들에게는 아니다.
자기들도 우리에게 안 그런다.
오직, 우리 고유의 것이어야 한다.

"교수님 그건 천사잖아요?"
어마어마한 '그' 정도의 사랑과 용서?
다른 영토에서는 없다.
하지만 우리 영토에서는 있는 거다

"악이용하면 어케여?"
"어케여?"?
이것 지금 큰 일 날 소리다.
내가 자기고 자기가 나다.
근데, 누가 누구한테 악이용?
그런 소리는 고유 영토를 가지지 못한 난민들이나 하는 소리다.
"1+1=1"이 안 된 난민들의 소리.

해가 떴다!

공영 방송에서는 아침이다.

하지만 우리 영토에서는 아직 아니다.

왜?

꽁이가 깨어나지 않은 거다.

꽁이가 깨어날 때까지 아침은 아침이 아닌 거다.

우리 영토에서는 시간도 그렇다.

우리 끼리만의 언어가 있고, 우리 끼리만의 액션-리액션이 있는 곳.

우리 끼리만의 법이 있고 우리 끼리만의 아침, 저녁이 있는 곳.

이런 고유 영토가 없는 '행복의 난민'!

절대로 안 되는 거다.

고유 영토, 이것도 분명히 우리 결혼을 결혼되게 하는

귀한 자원이라는 말이다.

나중

드리는

말씀

1 _

고대 희랍의 '에로스' 이야기로부터,

지난 세기의 사랑학 연구들,

TV, 유투브,

세미나 수업,

또르르들의 신혼 추적.

그러면서 꽁이랑 내가 하고 있는 것이 무엇인지 곰곰이 정리해 보았다.

'행복의 황금률', '사랑의 중노동', '1+1=1', 이 셋이었다.

2 _

스님의 콘서트를 봐도 그런 것이 없었다.

연예, 교양 프로그램의 고수님, 마담님들에게서도 그런 것이

보이지 않았다.

"행복은 포기로 가는 것"!

"사랑은 알콩달콩"!

"결혼은 무늬로만 '1+1=1'"!

그 너머가 보이지를 않았다.

'행복', '사랑', '결혼'?

이미 "져놓고 싸우는 싸움" 같았다.

불행만 잘 피하면 요행이라는 것 같았다.

3 _

"꽁이, 우리 진짜 안 맞는다, 그지?"

"맞아, 맞아! 우리는 맞는 게 진짜 없어!"

만약 삼십 팔년 전에 나랑 꽁이랑 교제를 하며 꼼꼼히 점검을 했다?

그러면 결혼해서는 안 되는 거였다.

같은 '호모 사피엔스' 계통의 인류라는 것을 빼고는 같은 것,

맞는 것을 찾기가 힘들었다.

화장지 거는 거, 치약 짜는 거?

그것부터가 그랬다.

그런데 꽁이는 나를 "명품 남편"이라 환호했다.

나는 꽁이가 오분만에 한 번씩 보고찌뿡(?) 거.

4 _

'행복의 황금률', '사랑의 중노동', '1+1=1', 이 셋이 '답'이었다.

완전한 정답일 수는 없는 거.
그러나 충분한 답일 수는 있는 거였다.

이 답을 많은 분들과 함께 나누어 가지면 좋겠다는 생각이다.
그래서 결혼에 대한 감(感)이 달라졌으면 좋겠다.
자신감과 더불어 "이겨놓고 하는 싸움"이 되었으면 좋겠다.
더 이상 죽 쑤고 기죽지 않으면 좋겠다.
'결혼 패배주의'를 지구 밖으로 밀어내면 좋겠다.

5 _
세미나 수업 이후 우리들의 이 이야기는 삼삼 오오 계속 되었다.
이야기의 대부분은 '자신감'에 관한 것이었다.
자신감이 유일무이한 답이라는 것은 아니었다.
그러나 자신감은 그 어떤 것보다 유효한 답이라는 이야기.
그러면서,
"자신감이 생겨야 자신감이 생긴다면 언제 그 자신감을
가져 보느냐?"는 이야기.
"자신감은 선택과 연습, 그리고 훈련의 문제일 수 있다."는 이야기.

결국은 '자신감'을 선택하기로 다짐하는 분위기였다.
그리고 자신감이 정답임을 증명하는 쪽으로
함께 움직여 가자는 거였다.
자신감이 '시대정신'이 되도록 운동하자는 거.

6 _

이 책을 읽는 사람이 커플이라면 이 책은 둘이가 다 읽도록
해야 한다.
아니 우리 둘만 아니라 시부님, 시모님들도 같이 읽어야 한다.
우리 중에 한 사람이 안 읽는다?
그 사람 때문에 소위 '아귀'가 안 맞는 느낌이 있을 것 같아서
하는 말이다.
한번 읽고 그것으로 '끝!' 되는 책 되지 않도록 해야 한다.
좋다고 생각되는 이야기는 수용,
괜찮다고 생각되는 이야기는 참고,
이상하다고 생각되는 대목은 대화의 소재가 되었으면
하기 때문이다.
울림과 운동력이 있어져야 한다고 생각하기 때문이다.

이 책을 다 읽는 순간, 그 울림으로 '자신감 운동의 시작'이
있어지기를 손 모아 기도한다.
나의 페이스북, 카톡, 콘서트, 세미나, 결혼 여행으로
여러분을 초대한다.
거기서 여러분을 기다리며 이제 이 "결혼과 사랑과 행복"의
이야기를 닫는다.

– 귀국 후 두 주간의 자가격리 중. 창동에서 고마운 마음 가득 담아.

1

꼭 무슨 '결혼에 걸린 것' 같이 사는.

안 걸려야 하는 것에 걸린 것처럼.

"결혼이 코로나처럼 뭐 걸리는 거니?"

2

연애 감정으로 결혼에 들어가는 것은 이렇다 저렇다 말할 게 아니다.

그러나 연애 감정이 소멸했다고 결혼에서 나오겠다는 것은 넌센스.

3

결혼과 동시에 낭만적인 '연애 감정'은 노동으로써의 '사랑'으로

전환시켜야 한다.

결혼은 '연애 감정'이 아니라 '사랑'으로 가는 거다.

4 _

연애를 결혼처럼 하는 거, 결혼을 연애처럼 하는 게 참 문제!

5 _

채플린이 삶이라는 것은 가까이에서 보면 비극, 멀리서 봐야
희극이라 했는데 그 말은 결혼에도 그대로 적용되는 것.
'가까이, 멀리' 보다는 '짧게, 길게'로 하면 더 적절.

6 _

사람은 자기가 선택한 행복 그 만큼, 자기 선택한 사랑 그 만큼,
자기가 선택한 결혼 그 만큼 완성된 그것을 누리게 된다.

7 _

결혼, 사랑, 행복? 포스트 모던 사회에서 이 셋을 죽 쑤고 있는
이유는 그것들에 대한 철학의 부재, 철학의 빈곤 때문이다.

8 _

"무조건적인 사랑"과 '무턱대고 하는 사랑'은 구별되어야 한다.
사실 무조건적인 사랑은 무조건적이지 않다.
무조건적인 사랑이란 "그 사랑의 결과가 무턱한 것 되어서는
안 된다."는 분명한 조건이 있는 사랑이다.

9 _

아픈 만큼 사람.

많이 아픈 사람은 많이 사람.

좀만 아픈 사람은 좀만 사람.

어디 하나 아픈데 없는 사람은 어느 하나도 사람 아닌 사람.

10 _

먼저 물어야 하는 것은 "행복, 사랑, 결혼을 어떻게 더 잘 할 것인지?"가

아니다.

그것들이 "무엇인지?"를 물어야 한다.

아니, "무엇이어야 하는 지?"

그리고 그것들을 알기 위해 선택해야 하는 것.

이해를 위한 선택!

11 _

결혼은 실존적 사실이다.

결혼을 한 것은 '결혼이라는 그 무엇'을 했으니까 '무엇을 한 것'이고

결혼을 안 한 것은 결혼이라는 그 무엇을 안 했으니까

'그 무엇을 안 한 것'이 아니다.

결혼을 한 것은 '결혼을 한 것'이라는 '그 무엇'을 한 것이고

결혼을 안 한 것은 '결혼을 아니한, 아니 한 그 무엇'을 한 거다.

결국 사람들은 '결혼을 함으로써, 혹은 아니함으로써' 예외 없이

결혼이라는 사태에 관여한다.

결혼이 "being"으로, 던져진 채 그냥 굴러가는 것이 될지

"existence"로, 끊임없는 "자기 결단"과 "자기 선택"으로

"자기"되어 갈 것인지는 결혼의 의미에 대한 당사자들의 각성과

그 각성에 따른 실천, 즉 그 praxis 시행 여부에 달려 있다.

12 _

남편에게, 아내에게 행복을 기대하지 말고 포기하라고 한다.

그런 걸 기대하면 계속 실망하다가 좌절하게 되고 분노,

그래서 불행해지니깐.

그런데 여기서는 그 반대를 말한다.

'서로 더 요구하라!'고!

나는 그 이유를 설명할 뿐 아니라 설득하려 한다.

그것이 내 은퇴 후의 첫 calling, mission이라 생각한다.

사람들이 이것을 믿어주면 참 좋겠다.^^

13 _

"고수님, 요즘 책들 잘 안 사 보잖아요!"

"맞아, 근데 이건 '책'이 아니니깐!" ^^

결혼이 사랑에게 말을 하다

지은이 | 여성훈

1판 1쇄 펴냄 2020년 7월 15일

펴 낸 곳 | 도서출판 이마고데이
펴 낸 이 | 여성훈
신고번호 | 2020-000016호. 2020년 6월 10일
등록번호 | 893-95-01241. 2020년 6월 20일
주　　소 | 서울시 도봉구 해등로 118 상아1차 아파트 4동 807호 (01402)
전　　화 | (한국) 010-7704-2546　(미국) 310-701-9662
전자우편 | imagodeiro@hanmail.net

편집및제작 | 비지아이애드 | 02-2273-3373 | www.bgiad.co.kr

책 값은 뒤표지에 있습니다.
ISBN　979-11-970999-0-8　00190